李岗 / 主编

爱心生活

德育主题教育活动

（上册）

上海社会科学院出版社
SHANGHAI ACADEMY OF SOCIAL SCIENCES PRESS

主　编　李　岗

副主编　赵　苹　孙　颖

策　划　胡立德

编　委　王　璠　王晓琼　邢　雯　朱　叶　刘　沫　刘　玲
　　　　孙　颖　杜永念　杜婷立　宋　玲　张晓茹　陆颖梅
　　　　周金荣　赵　苹　俞　蓉　徐凌嵚　殷　勤　钱　云
　　　　黄　烨　龚琼琼　葛祖依　蒋汉东　蒋　莹

要　目

前　言

《爱心生活》是上海市万里城实验学校德育主题教育活动的校本教材。

《礼记·乐记》:“其爱心感者，其声和以柔。”说的是有爱心的人，与人对话时和蔼可亲。中国儒家思想的核心是“仁爱”。《淮南子·修务训》中说:“尧立孝慈仁爱，使民如子弟。”这种亲如家人的黏合剂是爱心。韩愈在《原道》中解释说:“博爱之谓仁。”可见，中国传统文化的“爱”有极其丰富的内涵。美国心理学家马斯洛（Abraham H. Maslow，1908—1970）的需要层次理论强调“爱”是人最大的需要之一。可以说，无论是爱所维系的社会关系，还是爱所具有心灵沟通的积极意义，是世界共生共凝、共建共享的。从这个意义上来说，爱心是世界文明恒留久远的重要组成部分。

爱与被爱是相互的，世界因为有爱心才显得美丽，学校因为有爱心才显得温馨。爱心伴随我们撒播道德的种子，爱心伴随我们勤奋耕耘，爱心可以绽放美丽的人格之花。《爱心生活》是万里城实验学校的特色德育课程，学校正努力使爱心生活教育成为国家课程、地方课程校本化实施的主要途径之一。

爱心生活的教育就是从生活细节中开展德育活动，学校师生不仅要有爱的认知，更要有爱的行动，做到关爱自己，关爱亲人，关爱身边的他人，关爱自己所处的生活环境，做有爱心的人，过有爱心的生活。

作为德育主题教育活动课程的载体，《爱心生活》紧扣上海市普通中小学课程方案，落实教育部关于社会主义核心价值观进教材、进课程、进课堂的要求，以社会主义核心价值观的“爱国”“敬业”“诚信”“友善”四个维度为主轴，通过九个年级的不同主题教育活动，使学生在系列化和具体化的活动中，传承并诠释“为每一个学生的幸福人生奠基”的办学理念，追求“让每一个学生都具有成就幸福人生的基础素养”。

爱心文化聚焦于课程之理念，幸福追求融合于教材之宗旨。本着这样的信念，教材编写过程中，我们既大力弘扬中华优秀传统文化之精华，又紧密联系现代文明核心价值之精髓，使课程内容的传统文化与现代文明无缝衔接；既重视与体现国家课程和地方课程对学生的核心素养要求，又重视和体现普陀区本土文化对学生的基本素养要求，较好地实现了国家课程和地方课程的校本化。

苏霍姆林斯基曾经说，教育的理想就在于使所有的儿童成为幸福的人。本教材强调学生对爱心生活有“内化于心，外化于行”的学习过程。因此，在课程活动设计中，我们试图改变课程实施过于强调被动接受学习、机械训练的现状，引导学生主动参与、乐于探究，从而在更深的层面上，推进“读万卷书，行万里路”的学习活动。同时，让他们在这个过程中，不断强化主动学习意识，丰富社会实践经历，养成良好的学习习惯，提升基础素养、思维习惯和理想信念，在爱心生活教育中激发幸福感，最终促进全面发展和健康个性发展。

认知心理学认为，个体的认知发展是一个内部的自我建构过程，不同年龄的孩子有不同的认知层次，课程内容应该按孩子的认知层次依次递进。但在客观世界中，如“翻转课堂”一样，认知层次论的一些认知往往在现实生活世界中被翻转，这是现代化、信息化、数字化生活带来的新变化。所以，我们不囿于认知层次论，只遵从教育家陶行知所说的“生活即教育”，将教材内容与学生日常生活紧密相联系，使日常生活成为有爱心的生活，学生可以在爱心生活中陶冶情操，同时结合其他教育途径自我建构道德品质素养体系，成为一个有理想、有道德的人。

美国哲学博士霍华德·金森曾经总结说：“所有靠物质支撑的幸福感，都不能持久，都会随物质的离去而远离。唯有心灵淡定宁静，继而产生身心愉悦，才是幸福的真正源泉。”万里城实验学校的爱心生活教育，追寻的就是这种幸福的源泉。

李　岗

2017 年 9 月

目录（上册）

主题一　爱己爱人

一年级

第一单元　自尊自爱

同学们，每个人都是独立的个体，每个人都有与众不同的一面。我们要好好爱护自己和身边的人。因为独一无二的自己和他人，我们的世界才会变得精彩纷呈。

我们要健康地成长，愉快地生活，首先就要学会爱自己，让自己懂礼貌，也要有阳光、健康的生活方式与态度。爱护自己，尊重自己是我们热爱生活的源头。

我们还要爱他人，爱自己的父母、长辈。学校的同学与老师都是与我们朝夕相处的人，了解他们，相互关爱，能让我们变得更加成熟、懂事，我们的生活也会因为相亲相爱而变得格外温暖与充实。伟大的艺术家罗丹曾说过："世界上并不缺少美，而是缺少发现美的眼睛。"只要我们抱着真诚的心，爱护自己，关心他人，就会发现生活真的很美好。让我们一起小手拉大手，共同谱写一曲美妙的乐章，拥抱小学生活，做个健康、阳光的小学生吧！

活动一　个人卫生内涵

1. 欣赏歌曲《邋遢大王》主题曲

教师：让我们一起欣赏歌曲《邋遢大王》。

歌词：小邋遢，真呀真邋遢，邋遢大王就是他，人人叫他小邋遢。

小邋遢，真呀真邋遢，邋遢大王就是他，没人喜欢他。

忽然有一天，小邋遢变了，邋遢大王他不邋遢，大家喜欢他。

忽然有一天，小邋遢变了，邋遢大王他不邋遢，我们大家都喜欢他。

◆ 查字典“邋遢”。

写拼音：**邋遢**（　　　　　　　　）

“邋遢”的意思：____

◆ 学唱歌曲《邋遢大王》。

2.“邋遢大王”的朋友

他就是歌曲中的邋遢大王。一开始，同学们都不爱和他玩，只有它——这只脏兮兮的大老鼠喜欢邋遢大王。突然有一天，他变了，大家都喜欢他了。

◆ 观察一下这只脏兮兮的大老鼠，你们说说为什么一开始邋遢大王没有朋友呢？

我认为他没有朋友的原因是____________________（可以直接说出来）。

◆ 为什么后来大家喜欢他了？

因为他______________________________（可以直接说出来）。

3. 爱整洁

原来的邋遢大王不爱整洁，他经常是这样的：

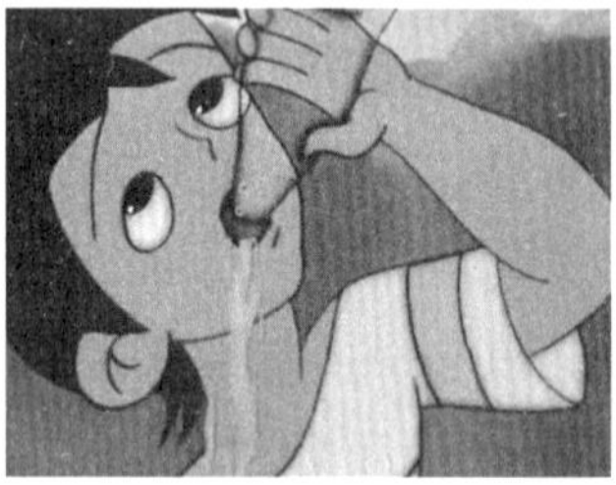

◆ 看看图，说一说邋遢大王哪里做得不对。（至少两条）

我认为：

（1）______________________________

（2）______________________________

爱整洁的小朋友人人爱。看，他们正在玩拍手游戏呢！

（附：《个人卫生拍手游戏》视频）

◆ 四人为一组，小组比一比：哪组说得多？

◆ 根据上面的儿歌讨论一下：谁是我们班级爱整洁的小朋友？

我认为__________（姓名）是爱整洁的小朋友。因为，他 / 她做到了__________________，__________________，（至少两条）……我们大家都爱他。

活动二 自尊自爱

1. 讨论班级争章

◆ 说说自己这个学期得到了什么班级章。

自理小天才章：桌面理得干净，桌肚整洁，个人卫生到位。

纪律小天使章：遵守学生行为规范，遵守纪律。

积极举手发言章：上课能积极与老师互动，回答问题声音响亮，勇于表达自己。

抓紧时间章：能及时保质保量地完成各项口头、书面练习。

书写小能手章：能够认真抄写备忘录，完成语文课堂练习。

出色小助手章：有责任心，能够认真完成班级、老师交予的任务。

我开学到现在获得了____章。我因为______________________而获得这枚章。（可以将自己获得不同种类的章都向大家介绍一下）

◆ 小组合作：请同学们统计争章本子上每个章的个数，填入表格。

班　级　章	获　得　个　数
自理小天才章	
纪律小天使章	
积极举手发言章	
抓紧时间章	
书写小能手章	
出色小助手章	

开学至今，我获得了自理小天才章______枚；纪律小天使章______枚；积极举手发言章______枚；抓紧时间章章______枚；书写小能手章______枚；出色小助手章______枚。

◆ 小组讨论：根据彼此的获章情况，说说同学们开学至今做得好的方面，或者有进步的方面。

生：开学以来，__________（姓名）做到了________________________________。我觉得他做得不错！她真棒！

开学以来，__________（姓名）能够______________________________。我觉得他进步了！

（请根据获章情况和自己的观察情况至少说一个方面）

2. 诚信银行“财产公示”

◆ “小太阳”诚信银行财产原则。

诚信银行行长： 诚信银行在大家进入小学后就自动为大家存储了一笔诚信财产。每个人的数额都一样，每人十个小太阳。只要大家言行一致，自觉遵守各项学生行为准则，我们将在开学两个月后为大家再存入五个小太阳。但是，如果大家在这段时间里有言行不一致的现象，我们将扣除大家一个小太阳。如果本段时间内，一直严格要求自己，未被扣除小太阳的同学还将得到额外的一个小太阳的奖励。

◆ 诚信银行公示“诚信财产”。

诚信银行行长公布班级个人诚信银行财产。

◆ 小组讨论：自己的诚信财产为什么受到损失？

我曾经有一次________________（做了一件不应该做的事），我没有遵守行为规范 / 我没有言行一致，所以被扣了一个小太阳。我要吸取教训，做个诚实守信的小学生。

◆ 诚信银行公布奖励名单。

诚信银行行长：以下________________（姓名）同学在这段时间里，严格要求自己，遵守各项纪律，言行一致，老师在与不在一个样，所以诚信银行奖励他们每人一个小太阳。

活动三 爱文明

1. 观看表演：学校一日常规

（附：视频《行为规范串串烧》）

课前准备篇

上课铃，丁零零，我们快步进教室，书本文具放整齐，静等老师把课上。

课堂行为篇

用心听，仔细想，身体坐正向前方，上课发言先举手，遵守纪律不要忘。

课堂听讲篇

专心听讲，眼睛看老师，耳朵仔细听，积极动脑筋，不懂及时问。

课堂发言篇

课堂发言先举手，站姿表情要大方，回答问题声音响，同学回答不插话。

课堂坐姿篇

人坐直，脚放平，头放正，腰挺直，小屁股，往前移，双肘离桌两边放，稳稳摆出三角形。

课间篇

学习用品准备好，上下楼梯靠右走，课间休息不奔跑，步入走廊不喧闹，文明游戏最重要。做游戏，讲文明，你不争来我不抢。大家都要守规则，快快乐乐每一天。

◆ 讨论：

（1）视频里的内容，你都做到了吗？

我做到了________________________（至少一个方面）。

（2）视频里的内容，你有哪些做得还不够？

我________________________（至少一个方面）做得还不够。

2. 小剧场

◆ 小组合作挑选一篇内容表演。

我们小组准备的道具有：________________

做道具的材料是：________________

◆ 集体展示。

我们小组参加表演的同学是：________________

我的自我感觉是：________________

◆ 集体评一评：说说哪个小朋友表演得好。

我认为________同学表演较好。

我认为________（小组）表演得好，因为，他们________________

3. 行为规范小明星

◆ 说说自己班级谁的行为规范最好，他 / 她在哪方面表现最突出。

我认为________（姓名）的行为规范很棒！因为他 / 她________________，________________，________________（至少三条）都做得很棒！我要向他 / 她学习！

◆ 画出自己心目中的行为规范小明星，并写出他 / 她的名字。

活动评价表

评　价　标　准		自评	互评	师评
信息采集	浏览网上或书本资料，认真完成阅读任务。			
	活动准备有条不紊，能带齐活动所需物品。			
	收集有关资料，及时整理、归类、存放。			
发现探索	善于思考，能发现并解决活动中遇到的问题。			
	活动中有自己的创意，并与同学分享。			
	能积极主动帮助别人解决问题。			
合作态度	认真听从老师的安排。			
	积极与他人团结协作。			
完成作业	按时完成各类作业，且质量较高。			
	能积极参加活动评比，态度认真，获得好评。			

注：评价可以分为 A、B、C、D 四个等级。A 代表非常好，B 代表很好，C 代表较好，D 代表一般。互评要三位同学参评。

__________同学在这次单元活动中认为自己可以得到（　　）个 A，同学认为他可以得到（　　）个 A，老师认为他可以获得（　　）个 A。

互评同学签名：____________、____________、____________

师评教师签名：____________

活动建议书

项目	具　体　建　议
活动内容改进意见	
活动方法改进意见	
其他意见	

注：活动建议书由参与课程活动的同学本人填写。

主题一　爱己爱人

一年级

第二单元　爱家人

自己是家里人的宝贝，大家都喜欢自己，但是你们有没有关心过喜欢自己的家人呢？通过家人信息小调查，关注家人每天的动态，要感恩家人，首先从关心家人做起。

家人对你表达爱的方式各不相同，你能理解什么是真正的爱吗？通过读故事《同样是爱》，辨析并体验家人爱的含义。同时，把家人是怎样爱你的事例分享给大家，让伙伴们一起共享暖暖的亲情。

家人给了我们无私的爱，不求任何回报。作为小学生，虽然年龄还小，但应该要有一颗感恩的心。通过对一些问题进行思考讨论，我们应该想一想如何去回报家人的爱，做最好的自己。为家人做些力所能及的事，就是对家人最好的回报。

活动一　爱家人　了解家人

1. 学习准备

找一找和家人一起拍的生活照。

2. 小调查

你是家里的小宝贝，爸爸妈妈、爷爷奶奶、外公外婆或者你的兄弟姐妹都爱你，那你了解自己的家人吗？

（会写的请写一写，不会写的可以画一画）

家人	生　　日	喜欢吃的食物	喜欢做的事情

（续表）

家人	生　　日	喜欢吃的食物	喜欢做的事情

3. 关注家人动态

爸爸妈妈平时上班一定很忙，那么他们是做什么工作的，小朋友你们知道吗？

	职业	上班时间	下班时间	主要负责我生活或学习哪些方面（比如：准备饭菜，回答我不懂的问题）

爸爸妈妈上班，爷爷奶奶或外公外婆照顾你吧？小朋友你们也要多关心他们噢。

	一天中为我做了什么（比如：接送我上学）	身体状况（比如：走路快不快，平时吃什么药）

活动二　家人爱我

1．亲情大回顾

说一说：

我的名字叫____________，是__________（爷爷、奶奶、爸爸、妈妈）取的。____________给我取这个名字是希望____________________，从名字中我感受到了____________________________________

2．分组交流

选一件记忆最深刻的“家人爱我”的事情介绍给大家。（能写就写，不能写就说一说）

____

____

3．故事：同样是爱

（1）

（2）

（3）

（4）

上面四幅画，你是否曾经有过这种经历？你认为家长这样做对不对？为什么？

____

____

4. 议一议

这样的爱，是不是爱呢？

你认为以下是爱的在后面打“√”，不是爱的打“×”。

（1）每次作业做得不好的时候，妈妈就会批评我，让我擦掉重写。（　）

（2）星期六我和爸爸一起爬山，中间爬不动了，可爸爸就是不肯背我。（　）

（3）踢球时我不小心把隔壁王奶奶家的窗户打破了，爸爸责打了我，还拉我去王奶奶家道歉。（　）

（4）记得上小学的第一天，我拉着妈妈的衣服，让妈妈陪着我，可妈妈甩开我的手，转身就走了，不过我还是看见妈妈不时地回头看看我。（　）

活动三 我爱家人

小知识

母亲节：每年5月的第二个星期天

父亲节：每年6月的第三个星期天

重阳节：每年农历的九月初九

1. 看一看

分组讨论：为什么家人都喜欢小红？

（1）

（2）

（3）

（4）

2. 想一想

分组讨论：我能为家人做些什么事吗？

（1）你有没有对家人发脾气的经历？

（2）坚持完成自己力所能及的事，这些事是________

（3）关爱老人，关爱家人，常说些体贴的话，我常对 ________（谁）说的话是：________________

3. 诵一诵

看视频后，同学们朗诵这首诗，四个同学为一组，互相欣赏。

cí mǔ shǒu zhōng xiàn
慈 母 手 中 线，
yóu zǐ shēn shàng yī
游 子 身 上 衣。
lín xíng mì mì féng
临 行 密 密 缝，
yì kǒng chí chí guī
意 恐 迟 迟 归。
shuí yán cùn cǎo xīn
谁 言 寸 草 心，
bào dé sān chūn huī
报 得 三 春 晖！

在我们小组里，我认为 ________（同学）朗读得最好。

4. 学会感恩

家人给了我们无私的爱，不求任何回报。作为小学生，年龄还小，要不要回报父母的养育之恩呢？（在你的意见后打上“√”）

（1）不必回报。（　）

（2）现在不能回报，长大了再回报。（　）

（3）应该回报，从身边小事做起。（　）

活动实施

画一画：请同学们拿出铅画纸，在纸上画出全家福。

四人为一组说一说：我想对 ________（谁）说 ________________

____

我认为说得最精彩的是________（谁）。

每个小组推荐一位说得最精彩的同学说给全班同学听。我认为这些同学中，说得最精彩的三位同学是________、________ 和 ________。

活动评价表

评　价　标　准		自评	互评	师评
信息采集	浏览网上或书本资料，认真完成阅读任务。			
	活动准备有条不紊，能带齐活动所需物品。			
	收集有关资料，及时整理、归类、存放。			
发现探索	善于思考，能发现并解决活动中遇到的问题。			
	活动中有自己的创意，并与同学分享。			
	能积极主动帮助别人解决问题。			
合作态度	认真听从老师的安排。			
	积极与他人团结协作。			
完成作业	按时完成各类作业，且质量较高。			
	能积极参加活动评比，态度认真，获得好评。			

注： 评价可以分为 A、B、C、D 四个等级。A 代表非常好，B 代表很好，C 代表较好，D 代表一般。互评要三位同学参评。

__________同学在这次单元活动中认为自己可以得到（　　）个 A，同学认为他可以得到（　　）个 A，老师认为他可以获得（　　）个 A。

互评同学签名:____________、____________、____________

师评教师签名:____________

活动建议书

项目	具　体　建　议
活动内容改进意见	
活动方法改进意见	
其他意见	

注：活动建议书由参与课程活动的同学本人填写。

主题一　爱己爱人

一年级

第三单元　爱同学

学校里的同学都是我们的伙伴！和同学们生活学习在一起，有着不同的爱好，能取长补短，和同学在一起，能创造快乐，共同分享喜悦，和同学们在一起，能为彼此加油呐喊，鼓励同行……这一定会成为最幸福的事！

在学校的生活中，你一定认识了不少好朋友吧？通过班级同学小调查，我们对同学有了进一步的了解。有很多同学身上的闪光点值得我们学习，也有很多同学身上有这样那样的问题需要我们帮助。通过换位思考，学会宽容、乐助、奋进。相信你的好朋友会越来越多的。

通过听老师讲故事《他也是我的朋友》、与同学们一起诵一诵《友谊》等活动，体会老师对我们的谆谆教导，体会同学间的真情。活动中，学会如何表达自己的感恩之心，并用实际行动去做起来！

活动一 爱同学 认识同学

1. 学习准备

我们每一个人都是一滴小水滴，来自四面八方，是一个“缘”字让我们聚集到我们班这条美丽的河流中，我们要齐心协力让这条河流长流不息，闪亮动人。

小调查

我们班有______位同学

男生______位

女生______位

我的同桌是____________

我现在已经有______（几个）好朋友了

他们是________________________________

2. 夸夸同学

奖

我要夸奖__________（谁）

因为他 / 她的本领真大，____________________（跑得快，唱得好……）

我要夸奖__________（谁）

因为他 / 她__________________________（乐于助人，勤学好问……）

想一想：哪位同学为班级做的事最多？

她 / 他是__________（同学），主要是做___________________________

____（小岗位）。

3. 找找朋友

在班级里，你一定已经找到了不少好朋友吧？

画一画：

你有几个好朋友，把他们画在同一个画里面吧，别忘了写上他们的名字噢！

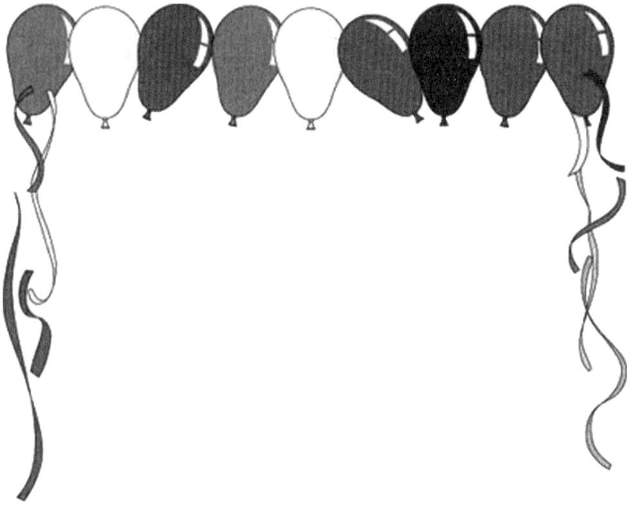

想一想：

班级里谁是你的好朋友？

他 / 她长得怎样：________________（个子高、壮实、苗条）

他 / 她最喜欢的食物：________________

他 / 她最喜欢的游戏：________________

找一找：

小组里有没有共同的朋友？如果有，她 / 他是________________（谁）。

在全班范围内再找一找，有没有共同的朋友，如果有，她 / 他是________________（谁）。

活动二　爱同学　和睦相处

1. 换位思考

我们生活在这样一个大家庭里，难免会有摩擦，难免会出现矛盾，只要我们真诚地面对朋友，面对问题，学会换位思考，就没有解不开的结。

议一议：你更喜欢下面哪种类型的同学呢？

（1）

（2）

（3）

（4）

我更喜欢第____幅画里的同学，理由是________________________________

____

____

____

____

2. 连一连

同学间该如何和谐相处？（用直线连接）

（1）小明的脸上有块胎记，不议论，不嘲笑。　　A. 主动真诚

（2）小红的数学题不会做，需要帮助。　　B. 学会尊重

（3）小青不小心踩了小张的脚，赶忙道歉。　　C. 宽容大度

（4）小黄胆小，不敢和别人玩，小亮主动找她玩。　　D. 乐于助人

3. 学唱歌曲

找朋友

1=C $\frac{2}{4}$　　　　佚名词　林绿曲

56 56 | 56 5 | 5$\dot{1}$ 76 | 5 3 |
找呀 找呀 找呀 找，找到 一个 朋 友，

55 34 | 55 3 | 55 34 | 55 3 |
仔细 听，仔细 辨，他的 声音 真好 听，

14 32 | 14 32 | 1 5 | 14 32 |
请你 快快 请你 快快 猜 嘛，请你 快快

14 32 | 1 1 | x – | x – ||
请你 快快 猜 呀。咳！ 咳！

《找朋友》这首歌你会唱的话，请你来教小组同学唱。

分小组在全班展示：

我认为唱得最好的小组是____________________

老师认为唱得最好的小组是____________________

活动三　爱同学　感恩同学

1. 听老师讲故事

他也是我的朋友

今天早读，山羊老师笑眯眯地走了进来。咦？后面跟着一个胖乎乎的熊宝宝！

他来干什么呢？小动物们都很纳闷。

这时，山羊老师牵着熊宝宝的手说："孩子们，这是咱们班新来的同学，他叫奔奔。大家要多帮帮他哦！来！奔奔，跟大家打个招呼。"小熊奔奔咧着嘴，吐吐舌头，朝大家嘻嘻一笑。这个熊宝宝怪怪的，大伙心里暗暗想。

"来！奔奔，你坐在淘淘旁边。"老师把奔奔领到了淘淘旁边的课桌旁。

从这天起，小熊奔奔成了淘淘班的新同学。谁要是受伤了，奔奔总是热心地陪他上医务室；谁的凳子破了，奔奔一定说："老师，我陪他去修理。""我去，我去！"成了奔奔的口头禅，他是多么的喜欢帮助别人啊！可是，奔奔不会做算术，不会画画，也不会整理课桌，课桌旁边一直是乱七八糟的。下课了，小朋友们围在奔奔的身边。哟！奔奔的铅笔盒里的铅笔真好看，连笔芯都是五彩的：红的，绿的，黄的，蓝的……淘淘羡慕极了，不好意思地说："奔奔，你能给我一支彩色铅笔吗？"奔奔侧着脑袋傻傻一笑，连忙拿起一支，含含糊糊地说："给你，给你。""我也要，我也要！"不一会儿，奔奔铅笔盒里的铅笔都被小朋友一抢而光。

第二天，奔奔带来了一盒新的彩色笔，还有漂亮的本子。他不是不会整理课桌吗？包里的东西都拿了出来，摊在课桌上，过不了多久，桌上的东西一样一样都掉到了地上。下课了，他又急着跑出去玩，淘淘看到地上有好看的书，就捡起来，随手往上一抛："接彩球喽！接彩球喽！"大家一窝蜂地来抢，抛到这，抛到那，等到上课铃响，新本子都成了"小雪花"满天飘了，可奔奔呢，只会傻傻地笑。

想一想：奔奔有什么优点，有什么缺点？他需要帮助吗？

再想一想：淘淘把地上的本子抛来抛去，这样的做法对吗？

做一做：我们留心一下自己的同学有谁需要帮助的________________________，我们准备在____________（什么时间），____________（什么地方），________________________________（怎样帮助他）。

2．诵一诵

一条小鱼水中游

一条小鱼水中游，
孤孤单单在发愁。
两条小鱼水中游，
摇摇尾巴点点头。
三条小鱼水中游，
快快活活做朋友。

先小组合作朗读，再分小组在全班展示：

我认为读得最好的小组是________________________

老师认为读得最好的小组是________________________

3．学会感恩

（1）学会道歉：自己做错事要勇于承认，道歉能化解矛盾。

（2）心理换位：站在对方的角度来思考问题，解决问题。

（3）懂得赞赏：当同学做得好或进步时，给予鼓励加油。

我曾经为做错事向________（同学）道歉，________（同学）有进步，我会对他说：“加油。”

活动评价表

评　价　标　准		自评	互评	师评
信息采集	浏览网上或书本资料，认真完成阅读任务。			
	活动准备有条不紊，能带齐活动所需物品。			
	收集有关资料，及时整理、归类、存放。			
发现探索	善于思考，能发现并解决活动中遇到的问题。			
	活动中有自己的创意，并与同学分享。			
	能积极主动帮助别人解决问题。			
合作态度	认真听从老师的安排。			
	积极与他人团结协作。			
完成作业	按时完成各类作业，且质量较高。			
	能积极参加活动评比，态度认真，获得好评。			

注：评价可以分为A、B、C、D四个等级。A代表非常好，B代表很好，C代表较好，D代表一般。互评要三位同学参评。

__________同学在这次单元活动中认为自己可以得到（　　）个A，同学认为他可以得到（　　）个A，老师认为他可以获得（　　）个A。

互评同学签名：____________、____________、____________

师评教师签名：____________

活动建议书

项目	具　体　建　议
活动内容改进意见	
活动方法改进意见	
其他意见	

注： 活动建议书由参与课程活动的同学本人填写。

主题一　爱己爱人

一年级

第四单元　爱老师

老师像红烛，燃烧了自己，照亮了别人；老师像园丁，培育祖国的花朵；老师像一把金钥匙，为学生打开知识的大门……尊敬老师，向来是我们中华儿女的传统美德，尊师重教应成为我们每一名小学生应有的品质。

同学们告别了幼儿园的老师，走进小学校园来学习生活，一切是如此陌生与新奇。那就请大家从认识身边的老师开始，观察老师们一天辛勤的工作，体会老师对我们的爱。相信同学们熟悉了这些可亲可敬的老师后，一定会爱上他们的。我们就来通过本课的学习，再学学并思考如何以自己的实际行动来报答老师的付出，学做一个懂得感恩的孩子。

同学们，当你们收获沉甸甸的硕果时，当你们学会做人的道理时，你们的幸福一定会换来老师更幸福的笑容。

活动一 认识老师

1. 学习准备

小调查

今年我们是一年级小学生了，我们有很多和蔼可亲的老师，比如：李老师、王老师……这些老师你都认识了吗？

学科	老师	学科	老师
语文		自然	
数学		美术	
英语		体育	
唱游		探究	
体育		拓展	

2. 我最❤的老师

画一画

请把你最喜欢的老师画在左框里。

3. 看漫画

老师的一天

看漫画后，请按一天的先后顺序排序，以 4 人为一组交流，看看哪些同学排的序比较合理。（把序号填在圆圈内）

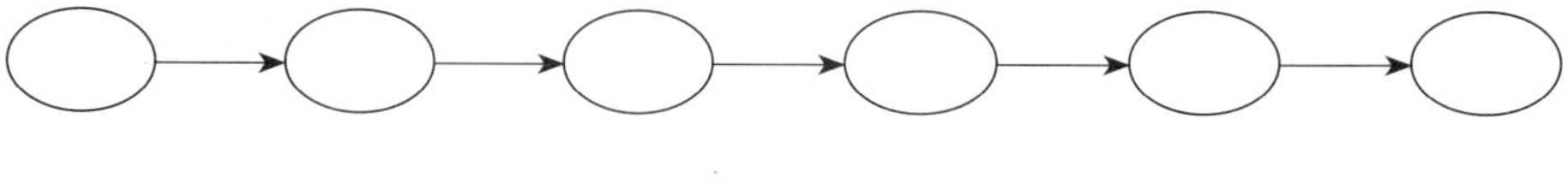

活动二　老师爱我

1. 学习生活点点滴滴

（1）

体育课上完，头发乱了，老师帮我梳梳头。

（2）

有题目不会做，老师就会耐心地教我。

（3）

老师教我做眼保健操。

（4）

老师常常会和我们一起做游戏。

（5）

老师给我们讲故事。

2. 分小组交流

以上 5 张图片中的故事发生在我生活中的有__________________（编号）。

我们班的老师是怎样关心我们的小朋友的？________________________

____

除此之外，发生在我身上的事还有____________________________

小统计：

交流后，老师关心我们小朋友的事，4 人共同都有过的是_______（编号）。

以小组为单位，派代表在全班交流，全班孩子大都经历过的事有__________

____（编号）。

3. 学儿歌

老师爱我像妈妈

太阳升起离开家，
一路歌声笑哈哈。
来到万里实验校，
美丽学校是我家。
小朋友们陆续到，
欢欢乐乐像一家。
学唱歌，做游戏，
老师爱我像妈妈。

（1）跟老师学一学上面这首儿歌，学得好的孩子请你读给全班同学和老师听。

（2）这些同学中，朗诵得最棒的三位同学是_______、_______和_______。

活动三　我爱老师

小知识

教师节：每年9月10日

1. 行动付出

讨论：老师像妈妈一样关心爱护小朋友，小朋友也爱自己的老师，你们是怎样爱老师的？（再补充两条）

（1）对老师要有礼貌，看到老师要问好。

（2）遵守纪律，做一个守纪律的孩子。

（3）____

（4）____

2. 我是小记者

（1）老师，请问您每天几点就要起床，几点才能回家休息呢？

（2）老师，中午放学后可以休息了吗？您还要干什么呢？

（3）老师，您每天除了上课还会做些什么呢？

（4）老师，请问您最幸福的事是什么？

（5）老师，请问您最失望、最难过的事是什么？

除了以上问题，你还想问什么？

老师，________________________________？

我问了老师第____个问题，老师的回答是________________

____

____

3. 学会感恩

动动手做心意卡，点点感恩给老师。

同学们，想不想自己开动小脑筋，做一张心意卡给老师呢？来，我们拿起美术彩纸、彩笔来设计一张独一无二的心意卡给老师吧，看看谁做的最好。

活动实施

想一想：我要把我的心意卡送给 __________（谁）。

说一说：老师，您辛苦了，我一定会 __________（怎么做）。

小组内同学对我草图设计的评价是 ____

活动评价表

评　价　标　准		自评	互评	师评
信息采集	浏览网上或书本资料，认真完成阅读任务。			
	活动准备有条不紊，能带齐活动所需物品。			
	收集有关资料，及时整理、归类、存放。			
发现探索	善于思考，能发现并解决活动中遇到的问题。			
	活动中有自己的创意，并与同学分享。			
	能积极主动帮助别人解决问题。			
合作态度	认真听从老师的安排。			
	积极与他人团结协作。			
完成作业	按时完成各类作业，且质量较高。			
	能积极参加活动评比，态度认真，获得好评。			

注： 评价可以分为 A、B、C、D 四个等级。A 代表非常好，B 代表很好，C 代表较好，D 代表一般。互评要三位同学参评。

__________同学在这次单元活动中认为自己可以得到（　　）个 A，同学认为他可以得到（　　）个 A，老师认为他可以获得（　　）个 A。

互评同学签名：__________、__________、__________

师评教师签名：__________

活动建议书

项目	具　体　建　议
活动内容改进意见	
活动方法改进意见	
其他意见	

注：活动建议书由参与课程活动的同学本人填写。

主题二　爱集体（低阶）

二年级

第一单元　我和班级

有了集体荣誉感，才会自发地爱上自己所在的集体。通过上网搜索、情景辨析和小组讨论，深入了解集体荣誉感的含义，学习何为真正爱护集体的表现。在每个集体中，都存在着一些默默为集体付出和贡献的小伙伴，找一找他们的身影，以他们为榜样，向他们学习。

光是嘴巴说爱集体可不行，还要能够从行动上去爱护集体。思考自己为班级做过的贡献，把你为班级争得的荣誉展示出来。至今还没有收获的同学也别气馁，拟订一份计划，挑选力所能及的事，多为班级出份力吧。

获得流动红旗，不仅是个人的荣誉，更是整个集体的荣誉。而想要获得流动红旗，可不是那么简单的事情。请你深入了解流动红旗的含义、获得方式和评比标准，思考班级的优缺点，给出合理的改进建议。班级的荣誉需要靠每个人的努力去争取，我们一起竞选上岗红旗督察员，互相鼓励，互相督促，努力为班级争得一面荣誉的小锦旗吧。

活动一　班级荣誉我知道

1. 搜一搜

Baidu百度　集体荣誉感　百度一下

集体荣誉感，是一种________、________（关心集体 / 诋毁集体 / 无视集体 / 热爱集体）、自觉地为集体尽义务、作贡献、争荣誉的道德情感。

当集体受到赞扬、奖励的时候，就会产生______、______、______（欣慰 / 不安 / 自责 / 光荣 / 羞愧 / 自豪）的感情；当集体受到批评或惩罚的时候，就会产生______、______、______（欣慰 / 不安 / 自责 / 光荣 / 羞愧 / 自豪）的感情，这就是集体荣誉感，是有上进心的表现。

2. 辨一辨

判断以下哪些行为是关心集体、爱护集体的表现，哪些行为是损坏集体荣誉的表现。（在括号内打“√”或“×”，并说一说原因）

（1）小明中午在学校吃饭，把吃剩的饭倒在地上，等着同学来扫。（　）

我的理由：________________

小组讨论：你认为发言的同学说的对不对？

发言人：______　小组评价：________

____

____

（2）小红平时认真完成好值日任务，不怕累，不怕脏。（　）

我的理由：________________

小组讨论：你认为发言的同学说的对不对？

发言人：________　小组评价：________________

____

（3）小军和小林总是课后在走廊追逐打闹，导致班级被扣分，两人还不以为然。（　）

我的理由：________________

小组讨论：你认为发言的同学说的对不对？

发言人：________　小组评价：________________

____

（4）小张看到教室里有废纸屑都会捡起来丢掉，他希望自己的班级总能保持干净整洁。（　）

我的理由：________________

小组讨论：你认为发言的同学说的对不对？

发言人：________　小组评价：________________

____

3. 记一记

相信班级中有许多同学正在为集体默默地奉献和付出，有的为班级植物浇水，有的为班级出黑板报，有的为班级打扫卫生。你是否留意到在你身边的“小雷锋”呢？把他们的好事记录下来，让我们向他们学习，为他们点赞！

________同学，他 / 她为班级________________

________同学，他 / 她为班级________________

________同学，他 / 她为班级________________

活动二 我为班级作贡献

1. 头脑风暴

为了能尽快成为班级真正的小主人，我们可以做些什么呢？和同学们一起读一读儿歌，看看自己在哪方面可以为集体作贡献。

我是班级小主人

我是班级小主人，热爱集体是第一，班级事儿主动做，尽责！
我是班级小主人，讲究卫生勤扫地，看见纸屑就捡起，尽力！
我是班级小主人，主动整理课桌椅，课本文具都放好，整齐！
我是班级小主人，保管公物很仔细，轻拿轻放不损坏，珍惜！
班集体，靠大家，集体荣誉要珍惜，奋力拼搏争第一，努力！

读完儿歌，请你结合自身情况，写一写自己在班集体中，目前做得最好的方面是：____________________

小组讨论：让我们来看看别的同学做得怎么样。

组员：__________ 她 / 他的表现____________________

组员：__________ 她 / 他的表现____________________

2. 跃跃欲试

试着完成下列活动清单，再为自己的班级多出一份力吧。（完成任务后，可在“□”中打“√”）

□为图书角捐书____本。

写出其中一本书的书名：____________________

书的主要内容是：____________________

收集一位同学的读后感：____________________

□为植物角浇水____次。

你认为在什么时候浇水最适合：________（写上编号，可多选）

（1）任何时候都可以浇水。

（2）在叶子有些发黄的情况下浇水。

（3）多肉、仙人球类旱生植物每天都要浇水。

（4）多肉、仙人球类旱生植物不应多浇水。

□在展示角中提供自己的作品____次。

你喜欢这个作品的理由：________________

请同学评一评你的作品如何：________________

（美观、大方、简洁、做工精致、有趣等）

□学习上帮助同学解答问题____次。

同学提出的问题：________________

我给出的解决方法和答案：________________

3. 真我风采

你还为班级作过其他贡献，或是争得过荣誉奖状吗？如果有，请完成选项一；如果没有，请完成选项二。

选项一：我还为班级作过的贡献 / 争得过的荣誉奖状：________________

（可将你所获得的奖状或是做过的事在方框中画出来）

选项二：

在班级________（环境 / 卫生 / 纪律 / 学习等）方面，我想为班级作贡献 / 争荣誉。

我的计划：________________

（如：为班级出黑板报，收集资料，排版设计，踊跃报名参加出黑板报）

活动三　流动红旗进班级

1. 流动红旗

定义：流动红旗是一种__________（流动性 / 固定性）红色三角形锦旗，用来奖励表现好的__________（同学 / 班级 / 学校）。

流动红旗的评比周期：一____（日 / 月）一次。

2. 评比标准

进校	不迟到	校班·午会	桌面整齐	教室卫生	地面洁
	不奔跑、喊叫		有内容		桌椅齐
	领巾佩戴整洁		坐姿好		黑板及时净
	走路靠右走		专注听		纸篓四周无垃圾
	不滑楼梯				讲台橱面物品摆放齐
预备铃	人到位	放学	不提前	广播操	动作标准、整齐
	不吵闹		有秩序、不喧哗		
	物品准备好		仪表整洁		
午餐	有秩序	眼操	及时安静做	个人卫生	手帕
	保持安静		动作到位		指甲
	饭后整理好	校服	按时穿		

同学们，请对照这份流动红旗评比标准，思考一下：我们的集体曾经在哪个环节做得较好，哪些环节做得不足，导致班级与流动红旗失之交臂？

我们的集体在__________环节中做得较好。

我们的集体在__________环节中做得不足。

我的建议是______________________________

对于我的建议，我请教了几位同学：

他们是__________、__________、__________。

他们的看法是______________________________

对于这三位同学的看法，我表示______________________（赞同 / 反对）。

3. 竞争红旗岗

同学们，让我们竞争上岗，相互督促，一起努力为班级争得这面荣誉的小锦旗吧！（请在“我的选择”栏内打“√”，选择你想竞争的岗位）

序号	岗位名	人数	职　　责	我的选择
1	卫生小老师	4	检查指甲、手帕	
2	早操小督察	4	检查做操是否动作标准、整齐	
3	仪容小管家	2	每周一检查校服是否按时穿，是否准时佩戴标志、领巾	
4	黑板清洁员	2	每天及时清洁黑板	
5	环境小卫士	2	检查纸篓四周垃圾，讲台物品摆放	
6	地面保洁员	4	检查地面纸屑垃圾情况	
7	桌椅小管家	4	督促桌椅摆放整齐	
8	光盘小先锋	6	检查午餐秩序，进行饭后整理监督	
9	课前检查员	2	检查物品准备情况	
10	放学路队长	2	管理放学队伍，检查同学仪表	
11	护眼小天使	4	检查做眼操是否认真、到位	
12	课间协管员	2	检查课间奔跑、上下楼梯情况	
13	缺勤记录员	2	记录到校、上课迟到、缺勤情况	

通过小组讨论，选择适合你的红旗岗位，并在班中做竞选宣言。

我的竞选宣言

我想选择的红旗岗是：______________________________

我选择的理由是：______________________________

在这个岗位上，我的职责是：______________________________

我会做到：______________________________

____

活动评价表

评　价　标　准		自评	互评	师评
信息采集	浏览网上或书本资料，认真完成阅读任务。			
	活动准备有条不紊，能带齐活动所需物品。			
	收集有关资料，及时整理、归类、存放。			
发现探索	善于思考，能发现并解决活动中遇到的问题。			
	活动中有自己的创意，并与同学分享。			
	能积极主动帮助别人解决问题。			
合作态度	认真听从老师的安排。			
	积极与他人团结协作。			
完成作业	按时完成各类作业，且质量较高。			
	能积极参加活动评比，态度认真，获得好评。			

注：评价可以分为 A、B、C、D 四个等级。A 代表非常好，B 代表很好，C 代表较好，D 代表一般。互评要三位同学参评。

__________同学在这次单元活动中认为自己可以得到（　　）个 A，同学认为他可以得到（　　）个 A，老师认为他可以获得（　　）个 A。

互评同学签名：____________、____________、____________

师评教师签名：____________

活动建议书

项目	具　体　建　议
活动内容改进意见	
活动方法改进意见	
其他意见	

注：活动建议书由参与课程活动的同学本人填写。

主题二　爱集体（低阶）

二年级

第二单元　团结力量大

中国有句俗语：天时不如地利，地利不如人和。这说明，一个集体要建设好，团结一心，齐心协力很重要。中国自古就有“一个好汉三个帮，一个篱笆三个桩”的谚语，团结让集体更强大，团结让集体更有凝聚力。从古到今，从动物到人类，团结奋进的故事不胜枚举，让我们从小蚂蚁的故事、古谚语和当代奥运精神中一起来感悟团结的精神及其作用。

三个和尚的故事小朋友们都很熟悉吧？他们的身上有没有你的影子？我们生活在集体中，个人利益难免会和集体利益发生矛盾和冲突，你有没有碰到过这样的尴尬情况呢？你是怎么解决的呢？请你和同学一起来分析讨论一下，然后大家一起做“同舟共济踩报纸”的游戏，感受一下团结的力量。

班级的建设离不开同学们的积极参与和出谋划策，请每一个小朋友都来当一当啄木鸟，说说班级有哪些需要改进的地方。你能够为班级做些什么吗？请你毛遂自荐一下，说说自己能担任什么岗位，同时邀请你的同学、老师评价你的岗位的可行性。

活动一　团结就是合作

1. 团结的故事

很久很久以前，一场突如其来的水流包围了一小块陆地，这块陆地是蚂蚁的家园，生活着许多蚂蚁。蚂蚁对水是很敏感的，因为它们不会游泳。蚂蚁们爬出了洞穴，一阵慌乱。然而不一会儿，蚂蚁们就有秩序了。它们聚拢，再聚拢，聚拢成了一个大大的蚂蚁团。这时，水漫了上去，蚂蚁团就漂在了水面，而且在微风的吹动下，蚂蚁团滚动着，在水面上向前滚动，没有一只蚂蚁松手。那蚂蚁团好像向前漂得很轻灵。终于，它们抵达了陆地，分散开来，又一次开始重建家园。

（1）这是一个给人启发的故事，如果外面的蚂蚁觉得里面安全，想跑到里面，会怎么样？如果外面蚂蚁们因遇水害怕而松手了，会怎么样？

答：____

（2）这个故事给我的启发是什么？

答：____

2. 诵名句，悟真谛

人心齐，泰山移。/ 独脚难行，孤掌难鸣。/ 水涨船高，柴多火旺。/ 三个臭皮匠，赛过诸葛亮。/ 一块砖头砌不成墙，一根木头盖不成房。/ 一个篱笆三个桩，一个好汉三个帮。/ 一根竹竿容易弯，三根麻绳难扯断。/ 一花独放不是春，万紫千红春满园。

这些名句均出自《古今贤文（合作篇）》，请你以小组为单位进行吟诵。我欣赏的组内吟诵者是________，理由是________________________________

3. 奥运赛场上的精神

奥运比赛向来被视为体育竞技级别最高的竞赛形式之一，在比赛项目中有很多项目需要一个团体成员合作完成，共同发挥特长，携手克服弱点来战胜对手。

（1）我知道的集体合作的体育项目有（请把你知道的填在横线上）________、________和________。（篮球、足球、排球、团体体操、4×100米跑步接力赛、水球、棒球、曲棍球、垒球）

（2）这些项目靠一个人的力量够吗？为什么？

答：____

4. 身边点滴

我们生活、学习的这个班集体，就像一个大家庭，老师们就是大家庭里的家长，每位同学都是这个大家庭的成员。能营造团结友爱、奋发向上的班级风貌，提升班级凝聚力，将班级的力量发挥到最大，离不开每一位老师和同学的共同努力。

你生活的这个班集体有哪些同学之间团结友爱、老师对同学关心爱护的感人故事？请你想一想，并与你的同学、老师一起分享身边的点滴。

你与大家分享的故事：

____

____

____

____

活动二　团结就是心齐

1. 视频欣赏

打开网页，在 www.youku.com 中搜索中国经典影视作品《三个和尚》，并观看该影片。

“一个和尚挑水喝，两个和尚抬水喝，三个和尚没水喝”的民间谚语从古到今，几乎人人都知道。影片中只有一个和尚的时候为什么有水喝，和尚多了，为什么反倒没有水喝了呢？将你的选择填写在括号内。（　）

A. 因为和尚越来越多，水都被喝完了。

B. 因为每位和尚都指望别人为自己做事情。

2. 哈哈镜

我们在生活中、学习中有很多事情做不成，往往都像“三个和尚”那样，只考虑自己，没有和同伴齐心协力。你能不能发挥自己的智慧，化解一下尴尬的局面呢？请选择下面的一项来说一说：

（1）老师希望你放学留下来布置教室，但正逢考试复习阶段，你会怎么做呢？

（2）你和班上几名同学要代表班级参加一个比赛，但是你的同伴实力不够，会使整体实力下降，影响班级成绩，你会怎么办？

（3）你是今天的值日生，但是今天下午放学你有篮球训练班要参加，你会怎么办？

我选择第____项。

我会这样做：________________________________

我的同桌选择了第____项。

我对他做法的看法是________________________________

3. 七色花

我们生活在集体中，每个人都是集体的一员。个人的能力是有限的，集体的力量是无穷的。集体赋予我们力量和勇气，集体成为我们的心灵所依。当个人利益与集体利益发生冲突时，我们要清楚地意识到集体利益高于个人利益，个人利益要服从集体利益。

请记住：

个人集体紧相连，冲突矛盾本难免。
牺牲小我顾大局，鼠目寸光不可取。

4. 轻松时刻

在老师的带领下，和同班同学一起做“同舟共济踩报纸”的游戏。

时间：约 10 分钟。

准备：报纸每组 3 张。

操作：班级成员以小组为单位，每组 10 人左右。将报纸看作本小组在落水时唯一的救生艇，请小组想办法让更多的人站到报纸上获救，每个人都必须踩到报纸作为支点。看哪一组获救的人最多。具体分为以下几个步骤：

（1）主持人宣布比赛开始后（并开始计时，以 2 分钟为限），第一轮比赛开始，各个小组开始往报纸上站，站成后举手示意，看哪一组站的人多，人多者获胜。（如果在有限的时间内没有站好，以站在报纸上的人数为准计算人数）

（2）以此类推，进行第二轮比赛。在第二轮比赛中，报纸要对折，其他操作和第一轮相同；第三轮比赛再对报纸进行对折，其他的操作和第二轮一样。

（3）三局两胜，获胜组可以提出要求，惩罚失败组，如唱歌、三级跳等。

我所在的这组成功的原因是：________________________________

我所在的这组失败的原因是：________________________________

活动三 争当班级小主人

1. 找一找

做一只“班级啄木鸟”，寻找一下班级建设中还有哪些需要改进的地方。

（1）____

（2）____

（3）____

2. 议一议

听了同学们为班级提出的改进建议，我觉得我可以做：

（1）____

（2）____

（3）____

3. 小鬼当家

班级的建设离不开每个同学的出谋划策，添砖加瓦，只要能为班级服务，为同学服务，无论岗位大小都是让人感到自豪和骄傲的。

为了班级建设，我班可以设立以下岗位，请与你的同学讨论一下：

（1）________（岗位），负责________________________（职责）。

（2）________（岗位），负责________________________（职责）。

（3）________（岗位），负责________________________（职责）。

（4）________（岗位），负责________________________________（职责）。
（5）________（岗位），负责________________________________（职责）。
（6）________（岗位），负责________________________________（职责）。
（7）________（岗位），负责________________________________（职责）。
（8）________（岗位），负责________________________________（职责）。

4. 毛遂自荐

我有________的能力，所以在班级里我可以做________________________________

____

假如通过竞选，我当上了班级里的________（小岗位），负责班级里的________事务，我感到很自豪。

5. 评一评

请采访老师、同学，同时问问自己，我的想法是否可行。

老师对我岗位的评价是________________________________
同学对我岗位的评价是________________________________
我对自己岗位的评价是________________________________

活动评价表

评价标准		自评	互评	师评
信息采集	浏览网上或书本资料，认真完成阅读任务。			
	活动准备有条不紊，能带齐活动所需物品。			
	收集有关资料，及时整理、归类、存放。			
发现探索	善于思考，能发现并解决活动中遇到的问题。			
	活动中有自己的创意，并与同学分享。			
	能积极主动帮助别人解决问题。			
合作态度	认真听从老师的安排。			
	积极与他人团结协作。			
完成作业	按时完成各类作业，且质量较高。			
	能积极参加活动评比，态度认真，获得好评。			

注：评价可以分为 A、B、C、D 四个等级。A 代表非常好，B 代表很好，C 代表较好，D 代表一般。互评要三位同学参评。

__________同学在这次单元活动中认为自己可以得到（　　）个 A，同学认为他可以得到（　　）个 A，老师认为他可以获得（　　）个 A。

互评同学签名：__________、__________、__________

师评教师签名：__________

活动建议书

项目	具　体　建　议
活动内容改进意见	
活动方法改进意见	
其他意见	

注：活动建议书由参与课程活动的同学本人填写。

主题二　爱集体（低阶）

二年级

第三单元　爱学校

让我们来观察校园场所，了解校园场所和我们小朋友日常学习生活的关系。通过小朋友的校园大搜索活动，交流大家能在这些场所看到什么，做什么，然后为校园添上一句广告语。让大家为校园的美丽行动起来！

了解丰富多彩的校内活动，想想自己和同学们分别参加过哪些活动，哪些还没参加过的活动想去参加。牢记自己是学校小主人，不光要有积极的态度，更要有一份责任心，这样才能为学校献出自己小小的一份力量。

学习哥哥姐姐是如何代表学校参与各类校外活动的，并通过模拟场景进行思辨：如何在校外活动中把我校最好的风貌和精神展现出来，做到文明出行，精彩活动，表现出色，为校争光。

活动一　学校环境要保护

1. 了解学校场所

以下几幅图分别是学校的什么场所？以四人为小组交流这些场所的用途是什么，你能在这些场所里干什么。

这是学校的________（场所名），我和伙伴们能在这里____（干什么）。

□为植物角浇水____次。

你认为在什么时候浇水最适合：________（写上编号，可多选）

（1）任何时候都可以浇水。

（2）在叶子有些发黄的情况下浇水。

（3）多肉、仙人球类旱生植物每天都要浇水。

（4）多肉、仙人球类旱生植物不应多浇水。

□在展示角中提供自己的作品____次。

你喜欢这个作品的理由：________________________________

请同学评一评你的作品如何：____________________________

（美观、大方、简洁、做工精致、有趣等）

□学习上帮助同学解答问题____次。

同学提出的问题：____________________________

我给出的解决方法和答案：______________________

3. 真我风采

你还为班级作过其他贡献，或是争得过荣誉奖状吗？如果有，请完成选项一；如果没有，请完成选项二。

选项一：我还为班级作过的贡献 / 争得过的荣誉奖状：________________________________

（可将你所获得的奖状或是做过的事在方框中画出来）

选项二：

在班级________（环境 / 卫生 / 纪律 / 学习等）方面，我想为班级作贡献 / 争荣誉。

我的计划：____

（如：为班级出黑板报，收集资料，排版设计，踊跃报名参加出黑板报）

活动三　流动红旗进班级

1. 流动红旗

定义：流动红旗是一种__________（流动性 / 固定性）红色三角形锦旗，用来奖励表现好的__________（同学 / 班级 / 学校）。

流动红旗的评比周期：一____（日 / 月）一次。

2. 评比标准

进校	不迟到	校班·午会	桌面整齐	教室卫生	地面洁
	不奔跑、喊叫		有内容		桌椅齐
	领巾佩戴整洁		坐姿好		黑板及时净
	走路靠右走		专注听		纸篓四周无垃圾
	不滑楼梯				讲台橱面物品摆放齐
预备铃	人到位	放学	不提前	广播操	动作标准、整齐
	不吵闹		有秩序、不喧哗		
	物品准备好		仪表整洁		
午餐	有秩序	眼操	及时安静做	个人卫生	手帕
	保持安静		动作到位		指甲
	饭后整理好	校服	按时穿		

同学们，请对照这份流动红旗评比标准，思考一下：我们的集体曾经在哪个环节做得较好，哪些环节做得不足，导致班级与流动红旗失之交臂？

我们的集体在__________环节中做得较好。

我们的集体在__________环节中做得不足。

我的建议是__________________________________

对于我的建议，我请教了几位同学：

他们是__________、__________、__________。

他们的看法是__________________________________

对于这三位同学的看法，我表示____________________（赞同 / 反对）。

3. 竞争红旗岗

同学们，让我们竞争上岗，相互督促，一起努力为班级争得这面荣誉的小锦旗吧！（请在“我的选择”栏内打“√”，选择你想竞争的岗位）

序号	岗位名	人数	职　　责	我的选择
1	卫生小老师	4	检查指甲、手帕	
2	早操小督察	4	检查做操是否动作标准、整齐	
3	仪容小管家	2	每周一检查校服是否按时穿，是否准时佩戴标志、领巾	
4	黑板清洁员	2	每天及时清洁黑板	
5	环境小卫士	2	检查纸篓四周垃圾，讲台物品摆放	
6	地面保洁员	4	检查地面纸屑垃圾情况	
7	桌椅小管家	4	督促桌椅摆放整齐	
8	光盘小先锋	6	检查午餐秩序，进行饭后整理监督	
9	课前检查员	2	检查物品准备情况	
10	放学路队长	2	管理放学队伍，检查同学仪表	
11	护眼小天使	4	检查做眼操是否认真、到位	
12	课间协管员	2	检查课间奔跑、上下楼梯情况	
13	缺勤记录员	2	记录到校、上课迟到、缺勤情况	

通过小组讨论，选择适合你的红旗岗位，并在班中做竞选宣言。

我的竞选宣言

我想选择的红旗岗是：________________

我选择的理由是：________________

在这个岗位上，我的职责是：________________

我会做到：________________

____

活动评价表

评　价　标　准		自评	互评	师评
信息采集	浏览网上或书本资料，认真完成阅读任务。			
	活动准备有条不紊，能带齐活动所需物品。			
	收集有关资料，及时整理、归类、存放。			
发现探索	善于思考，能发现并解决活动中遇到的问题。			
	活动中有自己的创意，并与同学分享。			
	能积极主动帮助别人解决问题。			
合作态度	认真听从老师的安排。			
	积极与他人团结协作。			
完成作业	按时完成各类作业，且质量较高。			
	能积极参加活动评比，态度认真，获得好评。			

注：评价可以分为 A、B、C、D 四个等级。A 代表非常好，B 代表很好，C 代表较好，D 代表一般。互评要三位同学参评。

＿＿＿＿＿同学在这次单元活动中认为自己可以得到（　　）个 A，同学认为他可以得到（　　）个 A，老师认为他可以获得（　　）个 A。

互评同学签名:＿＿＿＿＿＿、＿＿＿＿＿＿、＿＿＿＿＿＿

师评教师签名:＿＿＿＿＿＿

活动建议书

项目	具　体　建　议
活动内容改进意见	
活动方法改进意见	
其他意见	

注：活动建议书由参与课程活动的同学本人填写。

主题二　爱集体（低阶）

二年级

第二单元　团结力量大

中国有句俗语：天时不如地利，地利不如人和。这说明，一个集体要建设好，团结一心，齐心协力很重要。中国自古就有“一个好汉三个帮，一个篱笆三个桩”的谚语，团结让集体更强大，团结让集体更有凝聚力。从古到今，从动物到人类，团结奋进的故事不胜枚举，让我们从小蚂蚁的故事、古谚语和当代奥运精神中一起来感悟团结的精神及其作用。

三个和尚的故事小朋友们都很熟悉吧？他们的身上有没有你的影子？我们生活在集体中，个人利益难免会和集体利益发生矛盾和冲突，你有没有碰到过这样的尴尬情况呢？你是怎么解决的呢？请你和同学一起来分析讨论一下，然后大家一起做“同舟共济踩报纸”的游戏，感受一下团结的力量。

班级的建设离不开同学们的积极参与和出谋划策，请每一个小朋友都来当一当啄木鸟，说说班级有哪些需要改进的地方。你能够为班级做些什么吗？请你毛遂自荐一下，说说自己能担任什么岗位，同时邀请你的同学、老师评价你的岗位的可行性。

活动一 团结就是合作

1. 团结的故事

很久很久以前，一场突如其来的水流包围了一小块陆地，这块陆地是蚂蚁的家园，生活着许多蚂蚁。蚂蚁对水是很敏感的，因为它们不会游泳。蚂蚁们爬出了洞穴，一阵慌乱。然而不一会儿，蚂蚁们就有秩序了。它们聚拢，再聚拢，聚拢成了一个大大的蚂蚁团。这时，水漫了上去，蚂蚁团就漂在了水面，而且在微风的吹动下，蚂蚁团滚动着，在水面上向前滚动，没有一只蚂蚁松手。那蚂蚁团好像向前漂得很轻灵。终于，它们抵达了陆地，分散开来，又一次开始重建家园。

（1）这是一个给人启发的故事，如果外面的蚂蚁觉得里面安全，想跑到里面，会怎么样？如果外面蚂蚁们因遇水害怕而松手了，会怎么样？

答：________________

（2）这个故事给我的启发是什么？

答：________________

2. 诵名句，悟真谛

人心齐，泰山移。/ 独脚难行，孤掌难鸣。/ 水涨船高，柴多火旺。/ 三个臭皮匠，赛过诸葛亮。/ 一块砖头砌不成墙，一根木头盖不成房。/ 一个篱笆三个桩，一个好汉三个帮。/ 一根竹竿容易弯，三根麻绳难扯断。/ 一花独放不是春，万紫千红春满园。

这些名句均出自《古今贤文（合作篇）》，请你以小组为单位进行吟诵。我欣赏的组内吟诵者是________，理由是________________

3. 奥运赛场上的精神

奥运比赛向来被视为体育竞技级别最高的竞赛形式之一，在比赛项目中有很多项目需要一个团体成员合作完成，共同发挥特长，携手克服弱点来战胜对手。

（1）我知道的集体合作的体育项目有（请把你知道的填在横线上）________、________和________。（篮球、足球、排球、团体体操、4×100米跑步接力赛、水球、棒球、曲棍球、垒球）

（2）这些项目靠一个人的力量够吗？为什么？

答：____

4. 身边点滴

我们生活、学习的这个班集体，就像一个大家庭，老师们就是大家庭里的家长，每位同学都是这个大家庭的成员。能营造团结友爱、奋发向上的班级风貌，提升班级凝聚力，将班级的力量发挥到最大，离不开每一位老师和同学的共同努力。

你生活的这个班集体有哪些同学之间团结友爱、老师对同学关心爱护的感人故事？请你想一想，并与你的同学、老师一起分享身边的点滴。

你与大家分享的故事：

____

____

____

____

活动二　团结就是心齐

1. 视频欣赏

打开网页，在 www.youku.com 中搜索中国经典影视作品《三个和尚》，并观看该影片。

“一个和尚挑水喝，两个和尚抬水喝，三个和尚没水喝”的民间谚语从古到今，几乎人人都知道。影片中只有一个和尚的时候为什么有水喝，和尚多了，为什么反倒没有水喝了呢？将你的选择填写在括号内。（　）

A. 因为和尚越来越多，水都被喝完了。

B. 因为每位和尚都指望别人为自己做事情。

2. 哈哈镜

我们在生活中、学习中有很多事情做不成，往往都像“三个和尚”那样，只考虑自己，没有和同伴齐心协力。你能不能发挥自己的智慧，化解一下尴尬的局面呢？请选择下面的一项来说一说：

（1）老师希望你放学留下来布置教室，但正逢考试复习阶段，你会怎么做呢？

（2）你和班上几名同学要代表班级参加一个比赛，但是你的同伴实力不够，会使整体实力下降，影响班级成绩，你会怎么办？

（3）你是今天的值日生，但是今天下午放学你有篮球训练班要参加，你会怎么办？

我选择第____项。

我会这样做：____

我的同桌选择了第____项。

我对他做法的看法是____

3. 七色花

我们生活在集体中，每个人都是集体的一员。个人的能力是有限的，集体的力量是无穷的。集体赋予我们力量和勇气，集体成为我们的心灵所依。当个人利益与集体利益发生冲突时，我们要清楚地意识到集体利益高于个人利益，个人利益要服从集体利益。

请记住：

个人集体紧相连，冲突矛盾本难免。
牺牲小我顾大局，鼠目寸光不可取。

4. 轻松时刻

在老师的带领下，和同班同学一起做“同舟共济踩报纸”的游戏。

时间：约 10 分钟。

准备：报纸每组 3 张。

操作：班级成员以小组为单位，每组 10 人左右。将报纸看作本小组在落水时唯一的救生艇，请小组想办法让更多的人站到报纸上获救，每个人都必须踩到报纸作为支点。看哪一组获救的人最多。具体分为以下几个步骤：

（1）主持人宣布比赛开始后（并开始计时，以 2 分钟为限），第一轮比赛开始，各个小组开始往报纸上站，站成后举手示意，看哪一组站的人多，人多者获胜。（如果在有限的时间内没有站好，以站在报纸上的人数为准计算人数）

（2）以此类推，进行第二轮比赛。在第二轮比赛中，报纸要对折，其他操作和第一轮相同；第三轮比赛再对报纸进行对折，其他的操作和第二轮一样。

（3）三局两胜，获胜组可以提出要求，惩罚失败组，如唱歌、三级跳等。

我所在的这组成功的原因是：______________________________

我所在的这组失败的原因是：______________________________

活动三 争当班级小主人

1. 找一找

做一只“班级啄木鸟”，寻找一下班级建设中还有哪些需要改进的地方。

（1）______

（2）______

（3）______

2. 议一议

听了同学们为班级提出的改进建议，我觉得我可以做：

（1）______

（2）______

（3）______

3. 小鬼当家

班级的建设离不开每个同学的出谋划策，添砖加瓦，只要能为班级服务，为同学服务，无论岗位大小都是让人感到自豪和骄傲的。

为了班级建设，我班可以设立以下岗位，请与你的同学讨论一下：

（1）______（岗位），负责______（职责）。

（2）______（岗位），负责______（职责）。

（3）______（岗位），负责______（职责）。

（4）________（岗位），负责________________________（职责）。
（5）________（岗位），负责________________________（职责）。
（6）________（岗位），负责________________________（职责）。
（7）________（岗位），负责________________________（职责）。
（8）________（岗位），负责________________________（职责）。

4. 毛遂自荐

我有________的能力，所以在班级里我可以做________________________

____

假如通过竞选，我当上了班级里的________（小岗位），负责班级里的________事务，我感到很自豪。

5. 评一评

请采访老师、同学，同时问问自己，我的想法是否可行。

老师对我岗位的评价是________________________
同学对我岗位的评价是________________________
我对自己岗位的评价是________________________

活动评价表

评　价　标　准		自评	互评	师评
信息采集	浏览网上或书本资料，认真完成阅读任务。			
	活动准备有条不紊，能带齐活动所需物品。			
	收集有关资料，及时整理、归类、存放。			
发现探索	善于思考，能发现并解决活动中遇到的问题。			
	活动中有自己的创意，并与同学分享。			
	能积极主动帮助别人解决问题。			
合作态度	认真听从老师的安排。			
	积极与他人团结协作。			
完成作业	按时完成各类作业，且质量较高。			
	能积极参加活动评比，态度认真，获得好评。			

注：评价可以分为 A、B、C、D 四个等级。A 代表非常好，B 代表很好，C 代表较好，D 代表一般。互评要三位同学参评。

__________同学在这次单元活动中认为自己可以得到（　　）个 A，同学认为他可以得到（　　）个 A，老师认为他可以获得（　　）个 A。

互评同学签名：__________、__________、__________

师评教师签名：__________

活动建议书

项目	具　　体　　建　　议
活动内容改进意见	
活动方法改进意见	
其他意见	

注：活动建议书由参与课程活动的同学本人填写。

主题二　爱集体（低阶）

二年级

第三单元　爱学校

让我们来观察校园场所，了解校园场所和我们小朋友日常学习生活的关系。通过小朋友的校园大搜索活动，交流大家能在这些场所看到什么，做什么，然后为校园添上一句广告语。让大家为校园的美丽行动起来！

了解丰富多彩的校内活动，想想自己和同学们分别参加过哪些活动，哪些还没参加过的活动想去参加。牢记自己是学校小主人，不光要有积极的态度，更要有一份责任心，这样才能为学校献出自己小小的一份力量。

学习哥哥姐姐是如何代表学校参与各类校外活动的，并通过模拟场景进行思辨：如何在校外活动中把我校最好的风貌和精神展现出来，做到文明出行，精彩活动，表现出色，为校争光。

活动一　学校环境要保护

1. 了解学校场所

以下几幅图分别是学校的什么场所？以四人为小组交流这些场所的用途是什么，你能在这些场所里干什么。

这是学校的________（场所名），我和伙伴们能在这里____（干什么）。

2. 美丽校园大搜索

小统计	
名　称	数　量
树 	
花圃 	

3. 保护校园广告语

（1）细心呵护环境，共建美好校园。

（2）一花一草皆生命，一枝一叶要关切。芬芳来自鲜花，美丽需要您的呵护！

（3）红花绿草满园栽，风送花香蝶时来。花开堪赏直须赏，莫要折花空赏枝。

同学们，大家一定都非常喜爱自己的校园吧？校园是我家，环境靠大家。

请你参与四人小组讨论，和小伙伴们一起设计一条广告语，让身边的更多爱校园的同学一起行动起来保护学校环境吧！

我的佳作：________________________________

____

（写完请在小组内读一读，如果大家都觉得非常好，再推选代表在全班同学面前读一读）

评价：我最喜欢__________（谁）设计的广告语！

活动二　校内活动我做主

1. 多姿多彩的学校活动

（1）科技嘉年华活动

（2）歌会

（3）观影活动

（4）迎新活动

（5）体育节亲子活动

啊，看看照片就能了解到我们学校原来有那么多活动呀！想想你已经参加过哪些活动：______（填序号），还有哪些活动你也参加过：____（可以用文字来表述，例如春秋游、考察活动等）。

温馨小提示

（1）活动时要按时守序，不迟到。集会应提前五分钟准备。

（2）活动时要服从统一指挥，遵守统一要求，不擅自离开队伍，要注意个人形象。

（3）听报告或看各种演出，不随便议论、讲话、大声喧哗、打闹，保持会场肃静。

（4）活动过程中不喝倒彩、鼓倒掌、吹口哨、嘻笑、起哄，不做与活动无关的事情，做文明参与者。

（5）活动中要注意保护环境卫生，不乱扔瓜果皮核与纸屑。

（6）活动后应以热烈掌声表示感谢和赞美，同学间要互相谦让。

（7）爱护公共设施，不随意破坏公共财物。

2. 议一议

四人小组先讨论：为什么外出活动时要注重个人仪表？再选一个代表与全班同学交流你们小组的看法。

感悟：我是万里城实验学校的一名小学生，外出活动时我要注重个人仪表，遵守活动规范，是因为____

____

3. 我是学校小主人

瞧，我是学校小主人，自己的活动自己搞，我接受过______（选择）的任务，我能出色完成，我感到能为学校做事、为学校争光真光荣！

A. 升旗手　　B. 快乐小天地　　C. 升旗仪式　　D. 值周岗位

活动三 校外活动展风采

1. 看一看

看看哥哥姐姐们的校外活动。

代表学校参与普陀区学生阳光体育大赛

现在要多学本领，以后也能争取代表学校外出比赛，为学校争光！

自主参与关爱自闭症儿童爱心义卖活动

多多参与社会实践活动，在活动中体现万里人的好品质，献上自己的一份爱心！

重阳节小队行动在上海鑫美养老院

小苗苗向小雏鹰学习，小组外出活动要有计划、有组织。我们是万里学子，我们要把万里最好的风貌和精神带出去，文明出行，精彩活动！

2. 模拟场景

今天，小红和小芳代表学校参加跑步比赛，赛场上可真热闹。小红和小芳都来得比较早，带队老师还没有来。小红手里拿着馒头，馒头的碎屑不停地往下落，但是小红没有注意，她吃着馒头还和小芳高兴地聊天。兴奋时，两人还互相打闹。啊呀，小芳在打闹时不小心把小红手里的馒头弄在地上了，两个人都没有及时去拾。小红埋怨小芳不好，小芳也很不高兴地说自己不是故意的。渐渐地，赛场上的人多起来了……

（1）四人小组讨论：到底是谁的错？

（2）小组派代表发表小组观点，在全班交流，并给出自己小组的意见。

思考总结

我认为说得最有道理的是________（谁），我非常赞同他 / 她的观点。

如果当时我也在赛场，我会对________（小红 / 小芳）说：____（哪里不对），你应该____（应该怎样做得更好）。

活动评价表

评　价　标　准		自评	互评	师评
信息采集	浏览网上或书本资料，认真完成阅读任务。			
	活动准备有条不紊，能带齐活动所需物品。			
	收集有关资料，及时整理、归类、存放。			
发现探索	善于思考，能发现并解决活动中遇到的问题。			
	活动中有自己的创意，并与同学分享。			
	能积极主动帮助别人解决问题。			
合作态度	认真听从老师的安排。			
	积极与他人团结协作。			
完成作业	按时完成各类作业，且质量较高。			
	能积极参加活动评比，态度认真，获得好评。			

注：评价可以分为 A、B、C、D 四个等级。A 代表非常好，B 代表很好，C 代表较好，D 代表一般。互评要三位同学参评。

__________同学在这次单元活动中认为自己可以得到（　　）个 A，同学认为他可以得到（　　）个 A，老师认为他可以获得（　　）个 A。

互评同学签名：____________、____________、____________

师评教师签名：____________

活动建议书

项目	具　体　建　议
活动内容改进意见	
活动方法改进意见	
其他意见	

注：活动建议书由参与课程活动的同学本人填写。

主题三　爱社区

三年级

第一单元　熟悉社区

社区是我们主要的生活区域，社区是一个温馨的大家庭。我们每个人都是这个大家庭中的一员，生活其中，并享受着社区的资源和服务。社区里的一草一木，社区里的道路、建筑与我们的生活息息相关，我们的衣食住行与社区里的一切都有着千丝万缕的联系。

通过这个部分的活动，同学们可以进一步了解自己所生活的社区设施，体验社区里的公共设施给人们带来的方便，懂得爱护社区的公共设施；了解社区里的一些机构，尊重机构的工作人员为做好社区服务所付出的努力，并自觉地为社区的发展作出自己的贡献。

让我们的社区变得更美好，是每一个居住在社区的人的美好心愿。作为社区的小主人，我们可以做些什么呢？为此，我们在活动中，通过观察、走访、调查等多种形式，发现问题，为社区建设出谋划策。

活动一　认识社区

1. 介绍社区的位置

请你填写自己居住的小区情况。

地　　址	
小区名称	
靠近的马路	东西向
	南北向
附近公交车	
周围的商店	

请找到你的好朋友，按表格上的内容介绍自己居住的小区，并向他（她）发出真诚的邀请，请他（她）有空来社区玩。

2. 了解社区的公共设施

小组分工调查：

（1）社区里的公共休闲设施，适用对象是谁，使用目的是什么。

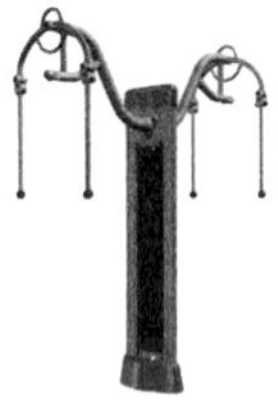

上肢牵引器

波浪滑梯

太空漫步机

社区公共休闲设施调查表

设施名称	适用对象	使用目的
上肢牵引器		
波浪滑梯		
太空漫步机		

（2）社区里的服务机构调查表。

派出所

物业

垃圾中转站

卫生服务站

服务机构名称	为居民提供的便利服务
派出所	管理户口，向群众宣传法制，预防、制止违法犯罪活动，维护公共秩序。
物　业	
垃圾中转站	
卫生服务站	

3. 连连看

看看你们家庭生活中遇到以下这些问题，需要哪些生活设施和服务机构来帮忙。

我要把压岁钱存进储蓄卡	卫生服务站
爷爷喜欢集邮	物业
奶奶想参加老年大学	银行
爸爸发现楼顶的水箱漏水了	邮局
哥哥发烧了，要打三天点滴	社区学校

4. 活动感受

你在这次活动中有哪些感受？（提示：你觉得小区的设施是否便利？健身的设施是否安全有效？）

活动二 走近为社区服务的人

1. 认识社区居委会

居委会，全称“居民委员会”，是社区和外界联系的桥梁与纽带，在我们日常生活中发挥着重要的作用。居委会的基本职能和任务是：①宣传宪法、法律、法规和国家政策，维护居民的合法权益，教育居民依法履行义务；②办理本居住区居民的公共事务和公益事业；③调解民间纠纷；④协助维护社会治安；⑤协助人民政府做好与居民利益有关的公共卫生、计划生育、优抚救济、青少年教育等工作；⑥向人民政府或者其他派出机关反映居民的意见、要求和提出建议。

想一想，写一写：

近期，你的家庭成员或邻居因为生活中哪一件事情和居委会工作人员交流过？

____

____

2. 了解物业服务

同学们，我们有良好的居住环境，物业管理公司的工作人员功劳可不小。让我们来读一读下面这段文字，了解一下他们日常的工作。

物业管理，服务人群，热诚敬献，安居无恙。巡视检查，眼观耳听，围墙护栏，消除隐患。楼宇环境，整洁干净，园艺草木，修剪枝叶。人车分流，畅顺安宁，保安职守，除暴安良。消防设施，确保正常，电梯机房，专业保养。突发事件，切莫慌张，冷静处理，必有良方。

想一想，写一写：

最近，我看到物业的工作人员在做上面这段文字中的哪些事情？

____

____

3. 走近为大家服务的人

请在下面的括号内填写他们的职业名称。

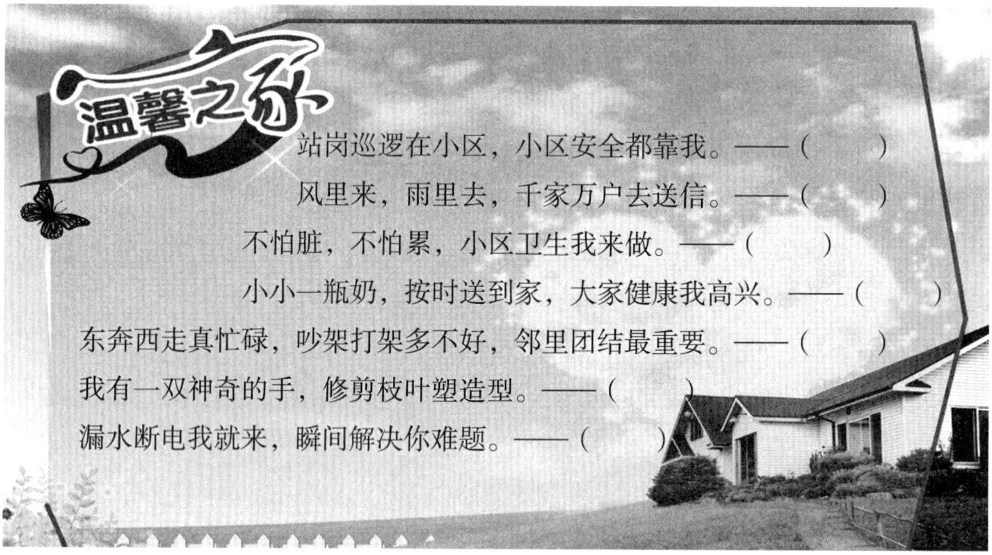

站岗巡逻在小区，小区安全都靠我。——（　　）

风里来，雨里去，千家万户去送信。——（　　）

不怕脏，不怕累，小区卫生我来做。——（　　）

小小一瓶奶，按时送到家，大家健康我高兴。——（　　）

东奔西走真忙碌，吵架打架多不好，邻里团结最重要。——（　　）

我有一双神奇的手，修剪枝叶塑造型。——（　　）

漏水断电我就来，瞬间解决你难题。——（　　）

写一写并交流：

其实在我们身边，这样的人还有很多很多，让我们课后走近他们的工作和生活，去进一步认识他们，收集他们的事迹与小伙伴交流。

我对以上为大家服务的人，曾经了解过的是________________，他给我留下的印象是________________________

记得这样一件事情：______________________________

____

____

活动三　我们应该怎么做

1. 社区安全设计师

看右边的图，填一填这个设施的名称。

同学们，你们的小区一定有这个监控设施吧！

它的名字叫__________。它安装在社区的公共区域，是我们的公共安全卫士。

我们来对自己社区的摄像头安装使用情况做一个小调查吧！

（1）数一数

在自己的小区里，你看到了多少个摄像头？写在右面的圆圈里。

（2）画一画

观察小区里哪里有摄像头，画一画摄像头的位置。（提示：可以先画出小区大门等标志设施）

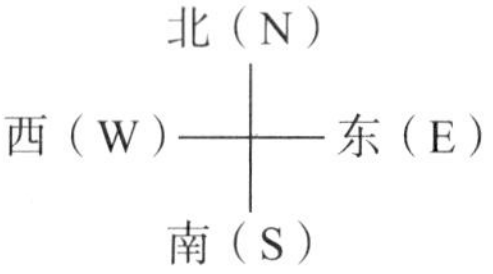

（3）想一想

由于小区的监控装置也可能有盲区，也就是我们所讲的“死角”，就会让违法分子有机可乘。通过观察，你发现你们小区的摄像头的盲区通常在哪里？哪里可以增设摄像头？（提示：例如电梯、走道拐角处等地方）写在下面的横线上。

2. 社区交通设计师

随着人们生活水平的提高，小区的车辆管理问题日益严峻，比如：

（1）一辆车占了两个车位。

（2）小区道路随意停车，阻碍了车辆正常通行。

（3）有车辆在小区的单行道上逆向行驶。

如何让小区里的道路通畅呢？请你针对以上情况提一提你的整改规划。

3. 啄木鸟行动

你对小区的服务还有什么建议吗？请你在调查、了解事实的基础上，给业主委员会提一个合理化建议。

尊敬的业主委员会：

我是居住在小区（　　）号（　　）室的小朋友。我发现

因此，我建议

业主：

时间：

活动评价表

评　价　标　准		自评	互评	师评
信息采集	浏览网上或书本资料，认真完成阅读任务。			
	活动准备有条不紊，能带齐活动所需物品。			
	收集有关资料，及时整理、归类、存放。			
发现探索	善于思考，能发现并解决活动中遇到的问题。			
	活动中有自己的创意，并与同学分享。			
	能积极主动帮助别人解决问题。			
合作态度	认真听从老师的安排。			
	积极与他人团结协作。			
完成作业	按时完成各类作业，且质量较高。			
	能积极参加活动评比，态度认真，获得好评。			

注：评价可以分为 A、B、C、D 四个等级。A 代表非常好，B 代表很好，C 代表较好，D 代表一般。互评要三位同学参评。

________同学在这次单元活动中认为自己可以得到（　　）个 A，同学认为他可以得到（　　）个 A，老师认为他可以获得（　　）个 A。

互评同学签名：__________、__________、__________

师评教师签名：__________

活动建议书

项目	具　体　建　议
活动内容改进意见	
活动方法改进意见	
其他意见	

注：活动建议书由参与课程活动的同学本人填写。

主题三　爱社区

三年级

第二单元　服务社区

社区服务志愿者是值得我们每个人去了解的。我们一起先去认识社区服务志愿者的模范——徐虎。我们要知道社区服务志愿者的性质，试着利用网络搜集更多有关徐虎的故事，为开一个志愿者故事会做准备。在讲故事和听故事的过程中，进一步体会社区服务志愿者的付出和为人民服务的精神。

我们要进一步了解什么是社区，什么是社区服务。联系自己的经历，说一说自己曾经做过的社区志愿服务。为了更好地宣传社区志愿服务，动手制作一张与社区志愿服务有关的小报，一起参加一次小报设计展。

要想成为一名优秀的社区服务志愿者，先从制订一份社区服务计划开始，根据实际情况，再发动小伙伴的力量，一起制订计划。制订完计划之后，不要忘记跟其他小组交流，学习更多的服务经验哦。

活动一　听服务社区的故事

1. 了解社区志愿者

闪光的金子

徐虎是上海市一位普通的水电修理工。

1985 年的一天，徐虎在不同的地段挂起了三只“特约服务箱”。箱上写着：凡附近居民水电出现故障，急需当天夜晚修理的，请写清地址投入箱内，本人将及时提供热情服务。开箱时间为每天的 19 点。

从那以后，他每天总是定时开箱，然后骑着自行车，带着工具箱，按纸条上提供的地址，挨家挨户上门修理。

一天晚上，徐虎从箱子里取出五张纸条。当他做完第四家的活赶到第五家时，已经是夜晚十点多了。主人见徐虎戴着深度近视眼镜，天又太晚了，就劝他明天再干。可徐虎看到抽水马桶里的污水正“咕嘟咕嘟”地往外冒，心里很着急，便说：“这是总管道堵塞了，不能再耽搁。”说着就卷起袖子干了起来，直到凌晨两点多钟才将管道疏通。

许多年来，徐虎利用休息时间走遍了千家万户，给大家带来了方便。人们都说他的一颗心像“闪光的金子”。

※ **我的收获**：（请大家选出正确答案）

徐虎为大家提供的服务是________________（义务的 / 收费的）。这种服务被称作________________（社区志愿服务 / 社区有偿服务）。

2. 搜集故事

利用搜索引擎进行了解：（例如，见下图）

※ **我的记录：**（将你喜欢的故事记录下来，可手写，可打印粘贴）

3. 听故事

同学们，把你们搜集到的故事准备好，我们来开一次故事会吧。请大家认真地聆听，同时也要做好记录，然后评一评，看看谁的故事讲得好。

※ **要求：**

（1）以小组合作的形式整理你收集到的徐虎的事迹，确定要讲的故事内容。

（2）选定一名同学作为故事的主讲人。

（3）在班级里开展一次向社区服务志愿者致敬——徐虎故事会。

※ **我的记录：**（把你听到的故事认真记一记）

本小组故事主讲人：____________　　故事会主持人：____________

故事名称：________________

故事的主要情节：（比如时间、地点、简单的经过等）______________________

____

____

※ **我的小结：** 我认为________（同学的名字）讲得最好。理由是________（可多项选择）A. 口齿清楚，声音响亮，富有感情。B. 表达流畅，自然。C. 故事完整，语言优美。D. 故事的内容让我很感动。

活动二　办社区服务的小报

1. 了解社区服务的意义

社区是以一定地理区域为基础的社会群体。它有一定的地理区域、一定数量的人口，居民之间有共同的意识和利益，并有较密切的社会交往。

社区服务，是在政府的指导和扶持下，发动和组织社区成员，利用和开发社区资源，开展的各种福利服务和便民生活服务，以不断满足社区成员的生活需求。

作为新时期的少年儿童，我们应该走进社区，通过身边的社区服务志愿者的故事，更加深入地了解社区服务的意义。

我知道的社区服务有____

我曾经参加过的社区服务是______________________________________

2. 设计故事小报

※ 要求：

A4 纸大小，版面设计美观大方，图文并茂，可以用电脑制作，也可以手绘。

※ 范例：

雷锋的故事

走进社区服务

※ **我的小报：**（可粘贴缩略照片或者手绘）

3. 交流小报

我们班级在__________（地点）举行了一次由________（谁）主持的社区服务志愿者故事小报展。

我印象最深的是__________（谁）的小报，我觉得这份小报很棒的理由是__________（可以多选）

A. 内容丰富。B. 版面设计美观。C. 故事吸引人。D. 构思新颖，有创意。

最后，请收集一下同学们对你（个人或小组）的小报的评价和感想吧。

________（谁）说____

________（谁）说____

________（谁）说____

活动三 制订社区服务的计划

1. 社区服务注意事项

（1）调查了解本社区需要哪些社区服务。

（2）主动联系居委会或者物业公司，根据本社区的需要制订活动计划。

（3）分成若干活动小组，选出组长，走进社区，开展力所能及的服务活动。

2. 我的计划书

为了成为一名优秀的社区服务志愿者，我们应该制订合理的社区服务计划。

前期准备：

（1）了解本社区需要哪些服务，可通过走访社区居委会或者物业公司得到相关信息。

我收集到的信息：____

____

____

（2）了解小组成员的服务技能。（在小组成员确定之后，详细了解作为一名小学生，我们可以为社区提供的服务有哪些）

____

____

____

____

____

（3）具体制订计划。（分工合作，确定每个小组成员在此次社区活动中负责的工作，再商量与讨论，并与社区相关单位联系，最终确定服务的日期、地点和具体内容）

（4）结合实际，归纳整理，准备列出计划书。

3. 知责任，明计划

（1）展示自己的计划书。（可以打印粘帖，也可手写）

（2）与其他小组交流计划。（收集同学们对你的计划的意见）

________（谁）的意见是________________________________

________（谁）的意见是________________________________

________（谁）的意见是________________________________

活动评价表

评　价　标　准		自评	互评	师评
信息采集	浏览网上或书本资料，认真完成阅读任务。			
	活动准备有条不紊，能带齐活动所需物品。			
	收集有关资料，及时整理、归类、存放。			
发现探索	善于思考，能发现并解决活动中遇到的问题。			
	活动中有自己的创意，并与同学分享。			
	能积极主动帮助别人解决问题。			
合作态度	认真听从老师的安排。			
	积极与他人团结协作。			
完成作业	按时完成各类作业，且质量较高。			
	能积极参加活动评比，态度认真，获得好评。			

注：评价可以分为A、B、C、D四个等级。A代表非常好，B代表很好，C代表较好，D代表一般。互评要三位同学参评。

__________同学在这次单元活动中认为自己可以得到（　　）个A，同学认为他可以得到（　　）个A，老师认为他可以获得（　　）个A。

互评同学签名：__________、__________、__________

师评教师签名：__________

活动建议书

项目	具　体　建　议
活动内容改进意见	
活动方法改进意见	
其他意见	

注：活动建议书由参与课程活动的同学本人填写。

主题三　爱社区

三年级

第三单元　社区学技艺

我国是历史悠久的文明古国，拥有丰富多彩的文化遗产。非物质文化遗产是文化遗产的重要组成部分，是我国历史的见证和中华文化的重要载体，体现着中华民族的生命力和创造力。

我们生活的社区“隐藏”着许多能工巧匠，非物质文化遗产的传承者。你不妨走进万里社区文化中心黄德林老师的剪纸工作室，看看大师的剪纸作品，动手学一学；我们还可以在其他社区或在网络上寻访一下像黄老师那样的中华技艺的达人，看看他们有哪些技艺，这些技艺为我们的文化生活增添了什么光彩，并了解一下大师的成长历程。

“志愿者”是一个响亮的名字，2010 年上海世博会时，我们认识了他们，随后有更多人加入了志愿者的行列。请你用学到的“剪纸”本领做一件礼物送给社区的爷爷奶奶，或参加一次社区志愿服务，为社区的发展尽自己的一份力量。

活动一　社区达人我寻找

1. 学习准备

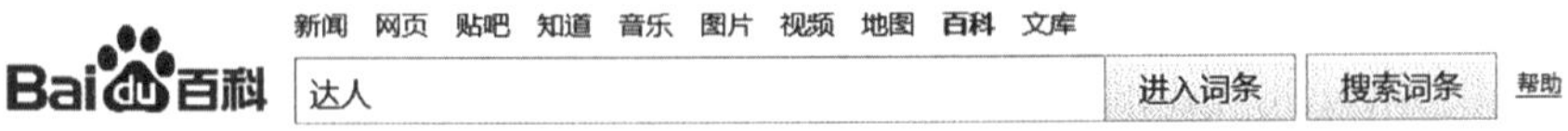

在百度百科中，输入“达人”，了解“达人”的含义。

“达人”，是指__________，这一词出自《论语》中的“己欲立而立人，己欲达而达人”，意思是____

____

2. 走近达人

你看过《中国达人秀》吗？让我们去了解一下他们——“力与美的结合胡启志”“太空漫步——安东”“残疾歌手刘伟”“非凡老太——白淑英”……

这里的“达人”是指______________________

你最喜欢哪一位“达人”？你认为他们成功的秘诀是什么？

答：我最喜欢的“达人”是________，因为______________________________

____

3. 社区达人

我们所生活的万里社区也有不少达人呢！我就给大家介绍一位：

黄德林，1954 年 12 月生于上海，居住在普陀区。他是上海文联民间文艺家协会会员、上海工艺美术学会会员、上海社区现代生活艺术培训班指导教师、一级剪纸工艺大师、上海市普陀区非物质文化遗产名录项目代表性传承人。

黄老师2007年应《动手做报》编辑部的邀请，在该报上开设讲座，向中小学生传授剪纸艺术。2008年剪纸《苏州园林》参加上海第五届教育博览会才艺展示。2009年“欢庆世博，拥抱海宝”剪纸被评为纪念品设计一等奖。2010年被中国民间文艺家协会上海分会授予“2010年度德艺双馨艺术家”称号。

大师作品欣赏

苏州园林

蝴蝶

生肖——猴

树叶刻画

我最喜欢________，因为____

如果你感兴趣的话，你还可以去黄老师的剪纸工作室（万里社区文化活动中心，富平路518号）看一看。

4. 寻找社区达人

社区中还有不少达人呢，让我们去问问社区的工作人员、身边的邻居，寻找一位社区的达人并记录下来，通过开展“信息发布会”向大家介绍。

活动二 民间技艺我学习

1. 知识窗

剪纸有将近两千年的历史，是中华民族最具有代表性的传统文化之一，已被联合国确定为世界非物质文化遗产项目。

剪纸是剪刀剪、刻刀刻、手工撕的统称。

剪纸的题材有人物、植物、动物、器物、吉祥文字等，系采用谐音、比喻、象征等手法组成各种图案。

剪纸分为传统型和现代型两大类，色彩有单色、彩色两种，外形有对称和不对称两种。

2. 剪纸小能手

我校有一个剪纸小组，在黄德林大师的精心辅导下，个个身手不凡。瞧！

学生佳作欣赏

牧童（李悦杨）

摘桃子（杨璐娜）

我们爱和平（万　琳）

我最喜欢的是____________，因为________________________

3. 学一学

(1) 准备一张长方形的绿色彩纸。

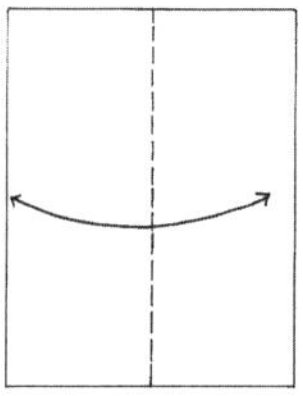

(2) 绿色向内将彩纸对折

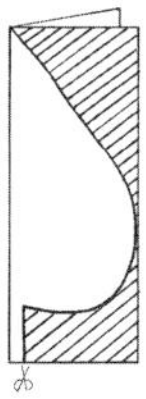

(3) 剪成叶形。

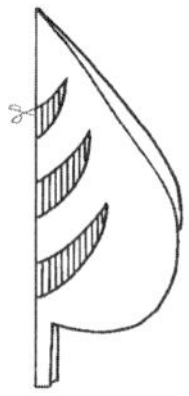

(4) 剪出叶脉。

(5) 剪出主叶脉。

(6) 打开压平，完成作品。

请将你的作品贴在方框内。

4. 评一评

小组根据是否有毛刺、线条流畅度、画面整洁度三个方面对组员的作品分别进行评价。

小组对我作品的评价是：优（　）良（　）合格（　）

活动三 老少同乐一家亲

1. 知识窗

这是________的标志，服务宗旨是“奉献、友爱、互助、进步”。

每年的 12 月 5 日被定为________。

2. 阅读点击

2010 年上海世博会志愿者人数近 10 万，创历届世博会之首。上海世博园内，“80 后”“90 后”的志愿者，因身穿白绿相间的统一服装，而戏称自己为“小白菜”。

3. 微公益，我能行

同学们，节日（□元宵节　□端午节　□重阳节）快到了，请各“雏鹰假日小队”用学到的剪纸本领做一件小礼物送给社区的爷爷奶奶们。

活动实施

请根据以下几项提示制定活动方案：

（1）如何去调查所在小区有多少 60 岁以上的老人？他们又居住在哪里？

（2）如何制作小礼物？需要用到哪些材料？材料从哪里来？

（3）小组如何分工？

（4）活动当天如何安排？

我为小组草拟的活动方案：

经过小组讨论，决定以________同学的活动方案为蓝本，拟定正式方案如下：

我的具体任务是：________________________

活动总结

在这次活动中你对自己的表现满意吗？请具体写出。

____

在这次活动中你有哪些收获？

____

____

活动评价表

评　价　标　准		自评	互评	师评
信息采集	浏览网上或书本资料，认真完成阅读任务。			
	活动准备有条不紊，能带齐活动所需物品。			
	收集有关资料，及时整理、归类、存放。			
发现探索	善于思考，能发现并解决活动中遇到的问题。			
	活动中有自己的创意，并与同学分享。			
	能积极主动帮助别人解决问题。			
合作态度	认真听从老师的安排。			
	积极与他人团结协作。			
完成作业	按时完成各类作业，且质量较高。			
	能积极参加活动评比，态度认真，获得好评。			

注：评价可以分为 A、B、C、D 四个等级。A 代表非常好，B 代表很好，C 代表较好，D 代表一般。互评要三位同学参评。

__________同学在这次单元活动中认为自己可以得到（　　）个 A，同学认为他可以得到（　　）个 A，老师认为他可以获得（　　）个 A。

互评同学签名：__________、__________、__________

师评教师签名：__________

活动建议书

项目	具　体　建　议
活动内容改进意见	
活动方法改进意见	
其他意见	

注：活动建议书由参与课程活动的同学本人填写。

主题四　爱传统

四年级

第一单元　了解顾正红

初步了解革命内涵，知道为了中华民族的解放事业，为了共产主义的崇高理想，有无数无产阶级革命家，无数革命先烈，用自己的血肉之躯筑起了钢铁长城，与日本帝国主义侵略者进行着殊死搏斗。正是因为有了这些无数的革命先烈，有了他们的崇高理想和献身精神，有了他们的无私奉献，才有今天的和平环境，才有祖国的繁荣昌盛。

通过各种途径搜集顾正红烈士事迹，初步了解顾正红烈士的生平。学习革命先烈大无畏的英雄气概，陶冶情操。讲革命英雄的故事，可以使我们受到爱国主义的教育。

听关于顾正红烈士和“五卅”运动的报告，了解革命历史，知道“五卅”惨案的背景和发生过程。我们要永远铭记和颂扬革命先烈的事迹，不辜负烈士们的遗愿，好好学习，踏着烈士们的足迹奋勇向前。

活动一　革命传统内涵

1. 了解革命传统内涵

革命英雄们在艰苦条件和困难面前，互相关心，互相爱护；在敌人面前，临危不惧，机智勇敢；在工作面前，坚守岗位，认真负责……这些革命精神是我们的一笔宝贵的精神财富。

2. 上海抗日英雄

在上海苏州河畔，曾经发生过一个壮烈的抗日英雄故事：四行仓库保卫战。

◆ 背景链接：四行仓库保卫战发生于1937年10月26日至11月1日，它的结束标志着中国抗日战争中的一场重大战役淞沪会战的结束。参加这场保卫战的中国士兵被称为“八百壮士”，他们抵住了日军的多番进攻，掩护国民革命军八十八师及其他国民革命军向西撤退。这次保卫战的成功，重新振奋了因淞沪会战受挫而下降的中国军民的士气。

◆ 这个抗日英雄故事发生在上海苏州河畔__________一带。

3. 著名抗日革命事件

列举你知道的著名抗日革命事件。

我知道在中国抗日革命历史上曾经发生过______________________________

____

____

____

____

4. 查询资料

通过网络查询，阅读革命书刊，了解日本侵略中国的史实。

◆ 小提示

✧ 利用搜索引擎查询：

Baidu百度 日本侵略中国史实 百度一下

✧ 在当当 dangdang.com 亚马逊 amazon.cn等购书网站上查询书籍，例如：

◆ 我的搜索和查询

通过____________（网络、书籍等方式），我了解到的日本侵略中国的史实有________________________

我查询到的书籍有________________________

其中给我印象最深刻的是____________（书名）。

这本书讲述了________________________

____

____

另外，我推荐的革命书籍有：

____

5. 小结

我觉得革命传统内涵是：

____

活动二　了解上海市普陀区革命先烈——顾正红

1. 普陀区革命先烈——顾正红

顾正红烈士是中国共产党哺育成长的优秀共产主义战士。1925 年 5 月，以顾正红牺牲为导火线爆发了伟大的“五卅”反帝爱国运动。

◆ 事件链接：顾正红事迹

1925 年 2 月，中国共产党领导上海沪西 22 个日商纱厂工人举行罢工，顾正红参加工人纠察队和罢工鼓动。

1925 年 5 月 15 日，日商资本家借口无纱，关闭内外棉七厂，工人冲进厂内要求做工，日方勾结租界巡捕房对广大工人进行镇压。顾正红带领工人自卫，被敌人残忍杀害。顾正红，这位年轻的共产党员，工人阶级的先锋战士，在反帝爱国斗争中，为无产阶级解放事业献出了宝贵生命，年仅 20 岁。

屠杀事件激起上海内外各厂工人的愤怒，在中国共产党的领导和组织下，当天举行了大罢工，罢工浪潮迅速席卷上海各界，很快燃成了反帝爱国的熊熊烈焰，声势浩大的“五卅”运动爆发了。

2. 顾正红事迹故事会

你了解到的顾正红事迹有哪些？一起在故事会上交流一下吧！（4—6 人小组交流）

我们这组交流的同学是：

____

____

其中________是组长。

我交流的是：（故事简要内容，100 字左右，可手写，可打印粘贴）

我认为__________的发言最精彩，因为____________________________________

____

我们小组推选__________在班级故事会中交流发言。

3. 你知道吗

中华人民共和国建立后，党和政府在上海________区和江苏省________县特别建立了顾正红烈士纪念馆，其家乡被命名为________乡________镇。

◆ 小提示：

✧ 利用搜索引擎查询：

Baidu百度 | 顾正红纪念馆 | 百度一下

✧ 询问学校里的历史老师。

✧ 顾正红事迹小链接：

顾正红（1905—1925），出身于江苏省獐沟区篆河乡一个贫苦农民家庭，幼时挖野菜，割牛草，青黄不接时讨过饭。1921 年，苏北遭水灾，顾正红母子无以为生，便搭乘同乡人的小木船到上海，找到在一家小油厂做工的父亲，靠穷朋友帮助，一家人在沪西一个贫民窟里住下。父亲微薄的工资无法养活全家，顾正红就拣煤渣、捡破烂苦度时光……

关于顾正红，我有一个问题：______________________________________

活动三　听讲座

1. 听讲座

同学们，学校邀请了顾正红纪念馆的老师来为我们做一个讲座，请大家认真聆听，也可以积极向老师提问。

- 我准备的问题：________________________________
- 老师回答了________同学的问题：________________________________

____

- 我想对顾正红烈士说的话：________________________________

____

- 听了讲座后我的感受是：________________________________

____

2. 做记录

- 小提示：

做讲座记录时，要注意：

（1）重点记录人物、时间、地点，简要地记录事件过程和结果。

（2）记录自己印象最深刻的事件。

（3）做完记录后，可以用插画（后页空白处）体现所记录内容的一个场景。

我的讲座记录

时间：________年________月________日

地点：________________________________

讲座名称：____________________________

我的记录：

活动评价表

评价标准		自评	互评	师评
信息采集	浏览网上或书本资料，认真完成阅读任务。			
	活动准备有条不紊，能带齐活动所需物品。			
	收集有关资料，及时整理、归类、存放。			
发现探索	善于思考，能发现并解决活动中遇到的问题。			
	活动中有自己的创意，并与同学分享。			
	能积极主动帮助别人解决问题。			
合作态度	认真听从老师的安排。			
	积极与他人团结协作。			
完成作业	按时完成各类作业，且质量较高。			
	能积极参加活动评比，态度认真，获得好评。			

注：评价可以分为 A、B、C、D 四个等级。A 代表非常好，B 代表很好，C 代表较好，D 代表一般。互评要三位同学参评。

__________同学在这次单元活动中认为自己可以得到（　　）个 A，同学认为他可以得到（　　）个 A，老师认为他可以获得（　　）个 A。

互评同学签名：__________、__________、__________

师评教师签名：__________

活动建议书

项目	具　体　建　议
活动内容改进意见	
活动方法改进意见	
其他意见	

注：活动建议书由参与课程活动的同学本人填写。

主题四 爱传统

四年级

第二单元 参观顾正红纪念馆

参观顾正红纪念馆以前，收集纪念馆的基本信息，了解纪念馆的概况，提前对参观目标有一个初步的了解，做到目标明确、主题明晰，带着问题去参观。

参观纪念馆，感受馆内珍贵的文献资料和展品背后承载的感人故事后，同学们对顾正红烈士、对“五卅”惨案都有了清晰直观、更深层次的理解。通过这次参观，是不是更增强了自身的历史责任感和使命感，激发了我们对如今幸福生活的感恩之情呢？

用文字、摄影图片，记录下所感受到的点点滴滴，写下参观日记和感想。整理之前搜集的资料，通过小报设计、展示的交流方式，一起来了解顾正红烈士的生平事迹，表达对顾正红烈士的敬仰，体会中国工人阶级不甘屈服、团结战斗的伟大力量。

活动一 参观准备

1. 顾正红纪念馆

你知道顾正红纪念馆在哪里吗?

通过查询（网络搜索、书籍查阅等），我知道了顾正红纪念馆在上海市________区________路________号。

◆ 背景链接

顾正红纪念馆是缅怀顾正红烈士英雄事迹，加强对后人的革命传统教育，深入开展“五卅”运动史、沪西革命史研究工作的重要革命纪念地。全馆由顾正红纪念广场、馆内陈列、顾正红烈士殉难处三部分组成。纪念广场中央矗立着顾正红塑像，广场地面铺有刻着上海市花白玉兰烘托的“五卅”图案纪念花纹的20块地砖，以示纪念20岁牺牲的顾正红烈士。展馆正面的墙上镶嵌一幅纪念“五卅”运动的大型花岗岩浮雕。展馆分上、下两层，陈列内容由“黑暗的旧中国、苦难的童年”“在日商纱厂做工、二月罢工的烽火”“顾正红惨案”和“五卅运动”等七个部分组成。二楼展厅设有廉政教育宣传栏，并配备电子宣传屏幕，全天滚动播放宣传片。另有顾正红铜像、实物展品和文献资料等。在展馆右后方原顾正红烈士牺牲地竖立着一块纪念碑，上面有1959年时任中共华东局书记魏文伯题写的“顾正红烈士殉难处”八个大字。顾正红纪念馆现为上海市和普陀区爱国主义教育基地。2011年3月，顾正红纪念馆申报上海市廉政教育示范点，被中共上海市纪委表彰为“上海市廉政文化示范点创新项目”。

2. 查一查

查一查，从学校（家）如何去顾正红纪念馆参观。

我的学校（家）在____

我可以这样去：____

____

3. 参观前资料搜集

参观前，我们来整理一下顾正红纪念馆的相关资料，以便于更好参观。

顾正红纪念馆是缅怀顾正红烈士英雄事迹，加强对后人的革命传统教育，深入开展“五卅”运动史、沪西革命史研究工作的重要革命纪念地。

纪念馆总面积 1300 平方米，全馆由________、________、________三部分组成。

展馆陈列内容共有七个部分：

◆ E 链接：顾正红纪念馆网站主页 http://ptwh.shpt.gov.cn/gzhmuseum/index.html

活动二　参观顾正红纪念馆

◆ 参观纪念馆。

同学们，让我们去顾正红纪念馆参观，并完成参观作业单吧！

四年级活动考察作业单

——参观顾正红纪念馆

班级________　考察小组________

小组成员：______________________________

____

____

◆ 顾正红烈士生平资料搜集：

◆ 我的参观路线。

根据顾正红纪念馆的陈列内容，我的参观路线是：

◆ 整个参观过程中，我印象最深刻的是________，因为________________________

____

____

◆ 顾正红的英勇牺牲燃起了上海工人的反帝怒火，成为________的导火线。

◆ “五卅”运动资料搜集：

活动三　参观感想

1. 小报制作

参观过顾正红纪念馆后，你有什么感想？请你设计制作一张顾正红纪念馆参观小报。

要求：A4 纸大小，图文并茂，版面设计合理美观。

小报示例：版面设计图

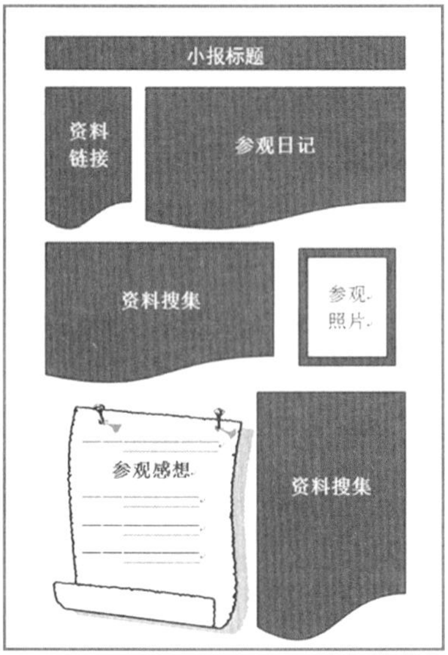

我的小报版面设计图

2. 小报评比

（1）小组评比

我们小组的成员是：____

我认为我们小组最棒的是________（可以评自己）的小报，理由是________________

____

____

（2）班级评比

我们小组参加班级评比的是________的小报。

经过全班投票评选，得票最多的前三名是________、________、________。

对这三张小报，我的评价是：____

____

我的好朋友的评价是：____

____

老师的评价是：____

____

3. 印象深刻的场景

尝试用笔描绘参观纪念馆时印象最深刻的一个场景。

活动评价表

评　价　标　准		自评	互评	师评
信息采集	浏览网上或书本资料，认真完成阅读任务。			
	活动准备有条不紊，能带齐活动所需物品。			
	收集有关资料，及时整理、归类、存放。			
发现探索	善于思考，能发现并解决活动中遇到的问题。			
	活动中有自己的创意，并与同学分享。			
	能积极主动帮助别人解决问题。			
合作态度	认真听从老师的安排。			
	积极与他人团结协作。			
完成作业	按时完成各类作业，且质量较高。			
	能积极参加活动评比，态度认真，获得好评。			

注：评价可以分为 A、B、C、D 四个等级。A 代表非常好，B 代表很好，C 代表较好，D 代表一般。互评要三位同学参评。

__________同学在这次单元活动中认为自己可以得到（　　）个 A，同学认为他可以得到（　　）个 A，老师认为他可以获得（　　）个 A。

互评同学签名：____________、____________、____________

师评教师签名：____________

活动建议书

项目	具　　体　　建　　议
活动内容改进意见	
活动方法改进意见	
其他意见	

注：活动建议书由参与课程活动的同学本人填写。

主题四　爱传统

四年级

第三单元　弘扬革命精神

通过寻找普陀区和上海市其他革命先烈，了解烈士事迹，感悟他们所体现的革命精神。利用多种形式对自己进行中国革命传统教育。

探访红色革命基地，实地感受革命先烈爱祖国、爱人民的情怀以及英勇无畏、坚强不屈的精神。我们一定会油然而生对革命先烈的敬佩之情，下定决心学习革命先烈的精神。

把自己的感受和领悟，通过报告的形式展现给大家，完成“爱传统”报告制作。交流各自所获取的知识和感想，让整个集体共同缅怀革命先烈，学习革命烈士事迹，继承革命传统，将革命精神持续发扬光大。

活动一　了解上海市其他革命先烈

1. 谢晋元烈士

你知道上海市晋元高级中学是为了纪念哪位革命烈士而命名的吗？他有怎样的光辉事迹？

他是著名抗日英雄谢晋元，在淞沪战役中率八百壮士孤军坚守四行仓库。

◆ 谢晋元事迹知多少？

让我们一起通过网络或是书籍查询来了解谢晋元烈士的事迹，并试着完成下面的题目吧！

（1）谢晋元的童年正处在孙中山先生领导的__________时期。

（2）谢晋元参加过1932年的__________。5年后，他的部队又一次打响了__________的第一枪。

（3）整个淞沪会战中，谢晋元所在的__________，始终是战线旋回的轴心。

（4）谢晋元率领孤军坚守的四行仓库是________、________、________、________等四个银行在上海设立的联合营业所的仓库，位于现在西藏路桥西面，是一幢六层楼的钢筋水泥建筑。

（5）“四行仓库保卫战”也被称为________。数以百计的中外新闻工作者在离四行仓库几十米开外的苏州河对岸和南京路的高楼上目睹了“八百壮士”抵御日军的全过程。更为难能可贵的是，华裔摄影师王小亭冒着被流弹击中的生命危险，用电影摄影机拍摄下当时“八百壮士”反击日军进攻的全过程，这成为中国抗战史上最为经典的一段影像。

（6）谢晋元烈士的次子________著书《我的父亲谢晋元将军》，记述了谢将军亲自参加的1937年“八一三”淞沪抗战及在孤军营的斗争。

◆ **答案小提示：**辛亥革命、“一·二八淞沪抗战”、“八一三”淞沪会战、闸北地区、金城银行、大陆银行、盐业银行、中南银行、一场向全世界直播的战争、谢继民。

2. 其他烈士

（可粘贴搜集到的烈士照片）

找一找其他上海籍或是在上海战斗过的革命烈士，了解一下他们的事迹吧！

通过__________（方式），我了解到的革命烈士是________，他的事迹是：

____

____

____

____

◆ 小提示：可在上海龙华烈士陵园主页·缅怀英烈·上海英名录中寻找。

3. 互相交流

（可粘贴搜集到的烈士照片）

我的好朋友也做了资料的搜集工作，通过__________（方式），他（她）了解到的革命烈士是________，他的事迹是：______________________________

____

____

____

____

____

活动二 寻访革命足迹，弘扬革命精神

1. 上海红色景点

上海是一座具有光荣革命历史传统的城市，它留下了无数革命者的足迹和革命遗址，令人心生景仰。下面这些红色景点你去过吗？

沪西革命史陈列馆

上海毛泽东旧居

中共“一大”会址纪念馆

宋庆龄陵园

2. 参观景点

选择一个红色景点，开展小组参观活动。

◆ 我们小组选择的红色景点是______________________________

◆ 到达目的地的路线和方式：

◆ 景点背景：

◆ 参观感想：

◆ 参观照片：

活动三 “爱传统”报告制作

1. 制作报告

在这次“爱传统”教育活动中，我们了解了许多英雄人物的事迹，寻访了红色革命景点，畅谈了感想。同学们，让我们把搜集到的资料、参观日记与感想等材料集合成“热爱传统，弘扬精神”的活动报告吧！

◆ 小提示：

整理材料成报告时，要注意：

（1）要有封面，封面上标明报告名称、报告制作小组名称、小组成员，可以适当美化设计。

（2）要有目录，可以将报告里的资料编写好页码，在目录中写下每部分内容对应的页码。

（3）可以将本次活动搜集到的所有资料整理成册，作为报告的一部分。

2. 报告展示

报告封面示例

报告目录示例

目 录

报告简介……………………1
顾正红资料…………………2
顾正红纪念馆资料……3
参观作业单…………………4
参观小报……………………5
其他资料……………………6

我们小组的报告封面　　　　报告目录

3. 报告评比

经过全班投票评选，报告制作得票最多的前三名小组是________、________、________。

对这三份报告，我的评价是：____

____

____

____

我的好朋友的评价是：____

____

____

____

老师的评价是：____

____

____

____

活动评价表

评　价　标　准		自评	互评	师评
信息采集	浏览网上或书本资料，认真完成阅读任务。			
	活动准备有条不紊，能带齐活动所需物品。			
	收集有关资料，及时整理、归类、存放。			
发现探索	善于思考，能发现并解决活动中遇到的问题。			
	活动中有自己的创意，并与同学分享。			
	能积极主动帮助别人解决问题。			
合作态度	认真听从老师的安排。			
	积极与他人团结协作。			
完成作业	按时完成各类作业，且质量较高。			
	能积极参加活动评比，态度认真，获得好评。			

注：评价可以分为A、B、C、D四个等级。A代表非常好，B代表很好，C代表较好，D代表一般。互评要三位同学参评。

＿＿＿＿＿同学在这次单元活动中认为自己可以得到（　　）个A，同学认为他可以得到（　　）个A，老师认为他可以获得（　　）个A。

互评同学签名：＿＿＿＿＿＿、＿＿＿＿＿＿、＿＿＿＿＿＿

师评教师签名：＿＿＿＿＿＿

活动建议书

项目	具　体　建　议
活动内容改进意见	
活动方法改进意见	
其他意见	

注：活动建议书由参与课程活动的同学本人填写。

主题五　爱自然

五年级

第一单元　了解自然

在自然界中有着千奇百态的万物，大自然总在人们不经意间悄悄发生变化，倘若静下心来，仔细观察，去品味其中的奥妙，感受其中更深的含义，就能获得更多的启示。

自然造就了人，人是自然的儿女。人类的生存离不开大自然，应该去适应自然、保护自然、热爱自然。有人说大自然是一本无字的百科全书，大自然中的万事万物应该是和谐相处的。如果你平时多多留心观察大自然，亲近大自然，一定会获得很多知识，获得很多教益。

保护环境是人类迫不及待、义不容辞的责任，低碳生活已是人类迫在眉睫、刻不容缓的行动。还回大自然本来面貌，追回大自然之声的原生态，追回大自然之美的原景色，追回我们曾拥有的无比美丽的栖息之地。

活动一 认识了解自然

1. 了解自然

花鸟虫鱼、山河日月，这些都是自然界中的事物；电闪雷鸣、刮风下雨，这些都是我们常见的自然现象。可以说地球上我们所能看到的一切事物都是自然，我们生活在自然里，我们与自然不可分割。

2. 认识自然

自然界包括很多事物，有动物、植物、土地等，当然也包括我们人类自己都是大自然的组成部分。

✧ 自然资源：空气、水________________（补充资源名称）。

✧ 自然现象：刮风、日食、打雷、________________。

✧ 自然灾害：地震、海啸、泥石流、雾霾、沙尘暴________________。

3. 查询资料

（1）通过网络查询，了解自然资源或者自然现象：空气、水、植被的作用。

✧ **示例**：植物是人类的朋友，他们的作用是巨大的，主要有：合成有利于身体健康的有机物质；制造氧气的功能；防风固沙，防止水土流失；调节气候，保持空气湿度。

（2）去图书馆查询书籍（如左图）。

✧ 我的查询结果：________________________________

____

（3）通过________（网络、书籍等方式），我了解到：________________

空气的作用有：________________________________

____

水的作用有：________________________________

____

4. 畅谈感受

对大自然有了深入了解之后，你的内心肯定感受颇多。认真观察周边什么地方有哪些花草树木，选取一种你喜爱的植物，写下你喜欢的原因，然后跟大家交流。

示例：我喜欢荷花，因为荷花的外形饱满大方，花瓣洁白如玉，看上去十分美丽动人，令人心情愉悦。

我喜欢的植物是：________________________________

____

____

____

____

活动二　自然与我们息息相关

1. 身边的动植物

在你家或者亲戚家有没有养动物和植物？请你回忆一下，可以从以下角度与同学们交流（自家的或自家周围的动植物）。

- 动植物的名称：________
- 动植物的特点或可爱之处：________

____

- 我和动物、植物的趣事：________
- 我是利用________时间照顾养护它们的。
- 我还有想说的：________

____

它们在我们身边，大自然就在我们身边。这是我们美好生活必不可少的一部分。

2. 校园的景色

青青校园，美丽多姿。一花一世界，一草一天堂。选择校园中的某一处自然景物进行观察并写下你的内心感受。

◆ 前面一页的照片是我校什么景物？

____

◆ 花草树木装点了我们美丽的校园。

除了照片中的景点，我最喜欢的景点有______________________________，因为______________________________

◆ 我还想用画笔将我喜欢的景象描绘出来：

3. 畅谈感受

示例： 当我们坐在自己喜爱的景色，比如____树荫下____看书时，我们的感受是____更专心致志、集中思想____。

（1）当我们坐在自己喜爱的景色______________________________中看书时，我们的感受是______________________________，是由此可见，保护自然很重要。

（2）以小组为单位，交流各自在不同环境中学习生活的感受。

________同学的感受是______________________________，对他（她）的感受，我表示______________________________（赞同 / 不赞同），理由是______________________________

（3）还有些同学的感受是______________________________

____

活动三 保护自然

1. 自然灾害

通过网络查询，了解自然灾害（泥石流、雾霾、沙尘暴……）产生的原因、解决办法和预防措施。

泥石流

示例：

泥石流是产生在山区或者其他沟谷深壑、地形险峻的地区，因为暴雨、暴雪或其他自然灾害引发的山体滑坡并携带有大量泥沙以及石块的特殊洪流。

（1）通过________（网络、书籍等方式），我了解了________________的形成原因。主要是因为：________________________________

____

（2）解决办法或预防措施有：________________________________

____

____

2. 我是环保小卫士

◆ 参与一次“保护环境”的公益活动，并且设计如下的活动方案。

水污染严重，需要我们去治理

（1）这次，我参加了____
活动，活动的内容是____

____

（2）在这次活动中我们使用了____
等工具；负责了____任务。

（3）在这次活动中，我需要完成的任务是____
达到了____效果。

（4）在这次的活动设计中，小组同学们互相交流。在这次交流中，我的感受是____

（5）我赞同________同学的设计，他设计的内容是____

____

____

我赞同的理由是：____

____

____

活动评价表

评 价 标 准		自评	互评	师评
信息采集	浏览网上或书本资料，认真完成阅读任务。			
	活动准备有条不紊，能带齐活动所需物品。			
	收集有关资料，及时整理、归类、存放。			
发现探索	善于思考，能发现并解决活动中遇到的问题。			
	活动中有自己的创意，并与同学分享。			
	能积极主动帮助别人解决问题。			
合作态度	认真听从老师的安排。			
	积极与他人团结协作。			
完成作业	按时完成各类作业，且质量较高。			
	能积极参加活动评比，态度认真，获得好评。			

注：评价可以分为 A、B、C、D 四个等级。A 代表非常好，B 代表很好，C 代表较好，D 代表一般。互评要三位同学参评。

__________同学在这次单元活动中认为自己可以得到（　　）个 A，同学认为他可以得到（　　）个 A，老师认为他可以获得（　　）个 A。

互评同学签名：__________、__________、__________

师评教师签名：__________

活动建议书

项目	具　体　建　议
活动内容改进意见	
活动方法改进意见	
其他意见	

注：活动建议书由参与课程活动的同学本人填写。

主题五　爱自然

五年级

第二单元　城市与自然

上海市科普教育基地网站对上海市34个生物科普基地、16个生态科普基地，以及其他方面的基地进行了图文并茂的介绍。通过本活动的学习，同学们能够根据网站提示寻找城市中与自然相关的场馆并进行考察；体验大自然给自己带来的无限乐趣；丰富自然知识，培养自己的探索能力。

上海市科普教育基地网站上最著名的就是上海自然博物馆了。上海自然博物馆是大自然的缩影。在博物馆的大厅里，陈列着各种动植物和矿石标本，古代脊椎动物的化石以及其他实物资料。请大家认真参观，仔细思考，漫步自然生命长河，探究动物演化之道。

通过在自然博物馆内对上海自然环境变化的观察，从认识大自然，发现大自然的变迁，到思考如何保护大自然、改造大自然，记录下你的思考与建议，做一个PPT，告诉大家你的观察结果和你的想法吧。

活动一　在城市中探索自然

1. 在城市中探索自然

走出学校，在公园里，在各种科普场馆中，我们也可以随处发现大自然的奇妙，让我们一起来寻找城市中与自然相关的场馆，体会城市中大自然的奥秘。

◆ **小提示：**如何寻找城市中与自然相关的场馆？我们可以到上海市科普教育基地网站（http://kpgl.stcsm.gov.cn）查询。

在这两个板块，我们可以找到相关场馆的介绍。

在上海市科普教育基地网站中，我去过的场馆基地是：____

____

我最感兴趣的场馆是：____________________

这座场馆的主题是：____________________

我最感兴趣的内容是：____________________

____

除了这些科普场馆，我还到这些地方探索自然：____

____

____（对象，内容）。

2. 走进上海自然博物馆

在上海，有一座我国最大、最有影响力的自然博物馆，那就是上海自然博物馆。这是一所包括古生物学、植物学、动物学、人类学、地质学、天文学多种自然科学的综合性博物馆，馆中收集了大量的自然标本及图书资料，我们可以在这里尽情地探索大自然。

（1）上海自然博物馆位于____________________

◆ **小提示：**在参观上海自然博物馆之前，我们可以先访问上海自然博物馆的官网，从而对我们的自然之旅有更多的了解。（网址是 http://www.snhm.org.cn/）

通过网上的事先查询，我们知道上海自然博物馆有十大常规展区，分别是：

（2）我们还可以预先设计馆内参观路线图，根据自己想要了解的内容，挑选感兴趣的展区，有重点、有针对性地进行参观。

（3）我感兴趣的方面是____________________

把最想参观的场馆串联起来，设计一条参观路线：

活动二　探访上海自然博物馆

上海，位于长江入海口，中国海岸线的中点，是候鸟迁徙的驿站，鱼类洄游的家园。在上海自然博物馆里有一个关于上海本地生态环境的常设展区“上海故事”。让我们一起去那里浏览上海的过去、现在和未来，考察上海的特有生物和濒危生物，完成“上海故事”考察作业单。

“上海故事”展区考察作业单

班级：________________________

考察小组名称：____________________

小组成员：______________________

____

____

◆ 考察前准备：你知道“上海故事”展区在博物馆内的位置吗？请在右图中找到并圈出上海故事展区。

◆ 在小剧场____________（名称）观看影片，能了解到上海是如何从无到有、如何摆脱干旱，拥有现在得天独厚的温润的气候。

◆ 上海位于________的特殊的地理位置，除了拥有丰富的________资源以外，这里也是很多鱼类________必经之地。

◆ 你知道上海代表性生物有哪些吗？（至少写出四种）

____

____

____

____

____

◆ 在________展示了132件鸟类标本，可以让我们一次见到东滩一年四季的鸟儿们。在这里，我们还可以看到“鸟中熊猫”。以下哪个选项是它的名字？（　　）

A. 棕头鸦雀　　B. 震旦鸦雀

C. 珠颈斑鸠　　D. 乌鸫

◆ 在展台里寻找曾经在上海这片土地上生活过，但现在已经难觅身影，甚至完全绝迹的动物们，列举几种动物的名字并选取一种贴上照片：

____

____

____

活动三　自然变迁的思考

1. 自然变迁的思考

通过在各个自然场馆的考察与探索，我们知道上海拥有丰富的自然资源。在校园里，小区里，公园里，各个科学场馆中，我们到处都能寻找到大自然的美好，感受到大自然的魅力。上海的自然环境也在不断变化着，比如苏州河就有着巨大的变化，请看下面两张照片。

（1）你知道苏州河发生了哪些变化吗？

我发现了______________________________

（2）在你的周围，还有哪些地方的自然环境有这样可喜的变化？

我发现了______________________________（地方）

______________________________（变化）。

（3）大自然是我们赖以生存的天堂，为了让我们的天堂越来越好，让她更加美丽，你觉得该如何去做？

我觉得应当______________________________

2. 制作PPT

同学们，让我们把搜集到的资料、考察日记与感想等材料做成精美的PPT与大家分享吧！让更多的人知道大自然不仅是人类赖以生存的栖息之地，更是所有生命的家园。让我们一起来爱护大自然！

◆ 小提示

制作 PPT 时，要注意：

（1）可以将本次活动所有搜集到的资料插入 PPT。

（2）可以将你对大自然变迁的思考、对大家的倡议放在 PPT 中。

（3）背景不要太花哨，标题字体颜色要突出明显。

（4）文字一定要精简，做到图文并茂。

（5）首页注明班级、小组名称和成员姓名。

3. PPT 模板展示

4. PPT 评比

经过全班投票评选，PPT 制作得票最多的前三名小组是________、________、________。

对这三份 PPT，我的评价是：____

____

我的好朋友的评价是：____

____

老师的评价是：____

____

活动评价表

评　　价　　标　　准		自评	互评	师评
信息采集	浏览网上或书本资料，认真完成阅读任务。			
	活动准备有条不紊，能带齐活动所需物品。			
	收集有关资料，及时整理、归类、存放。			
发现探索	善于思考，能发现并解决活动中遇到的问题。			
	活动中有自己的创意，并与同学分享。			
	能积极主动帮助别人解决问题。			
合作态度	认真听从老师的安排。			
	积极与他人团结协作。			
完成作业	按时完成各类作业，且质量较高。			
	能积极参加活动评比，态度认真，获得好评。			

注： 评价可以分为 A、B、C、D 四个等级。A 代表非常好，B 代表很好，C 代表较好，D 代表一般。互评要三位同学参评。

__________同学在这次单元活动中认为自己可以得到（　　）个 A，同学认为他可以得到（　　）个 A，老师认为他可以获得（　　）个 A。

互评同学签名：____________、____________、____________

师评教师签名：____________

活动建议书

项目	具　体　建　议
活动内容改进意见	
活动方法改进意见	
其他意见	

注：活动建议书由参与课程活动的同学本人填写。

主题五　爱自然

五年级

第三单元　珍惜水资源

水是万物之源，是自然界不可缺少的物质。有了水，才有了令人向往的美景，才有了自然界无穷无尽的能量。

我们生活的地球是一个蓝色的水球，被大量的水所包围，但其中大部分是咸水，无法直接饮用，我们真正能利用的淡水并不多。

目前，世界上有半数以上的国家，约 15 亿人口面临淡水不足，其中有 29 个国家的 4.5 亿人口完全生活在缺水的状态中。

黄浦江和苏州河是上海的母亲河。然而，近几十年来，苏州河经历了几次变化的过程，请走进“梦清园”内的“上海苏州河展示中心”一探究竟。

3 月 22 日是“世界水日”，是人类在 20 世纪末确定的又一节日，旨在唤起公众的节水意识，加强对水资源的保护。节水从身边做起，从小事做起，让我们携手带动身边的人，为了我们美好的未来，节约每一滴水！

活动一 探秘水资源

从太空看，地球是个蓝色的水球。在太阳系八大行星中，它是唯一拥有大量液态水的星球。因此，地球享有“水的行星”之称。让我们一探“水资源”的秘密吧！

1. 了解地球水资源

地球上水的总储量约为________亿立方千米，分布在海洋、陆地和大气中。其中海洋水占地球总储水量的________%，海洋水是咸水，不能直接饮用和灌溉。陆地水占全球总储水量的________%，其中________%是咸水，________%的淡水大部分以冰川、永久积雪和多年冻土的形式储存，少部分分布在湖泊、河流、土壤和浅层地下水中。大气水的数量只占全球总储量的十万分之一，却是成云致雨的重要“原料”。

人体和地球一样，也是一个“充满水的世界”。我们每天通过饮食不断补充水分，通过呼吸、出汗和排尿等途径不断排出水分。富含水分的血液在人体内以循环的形式不停流动着，把营养物质送到全身每一个细胞，又把它们产生的废物带走。所以，水对维持人体健康是非常重要的。

2. 一吨水的用途

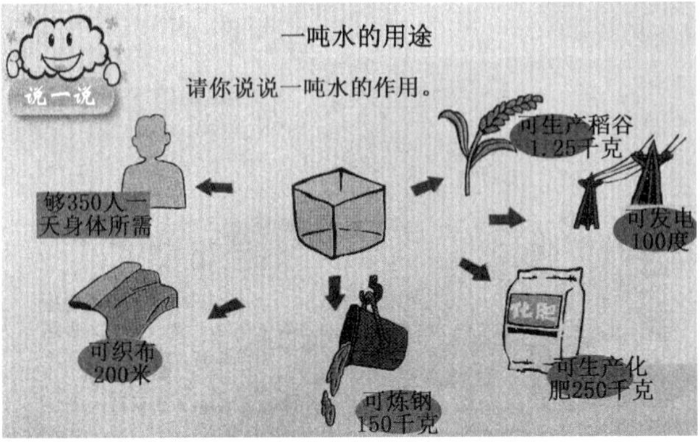

请将图中说明的一吨水的用途，写在下面：

____

____

____

____

____

____

3. 生命的摇篮

大多数科学家认为，生命是在海洋中孕育的，然后才从海洋扩展到陆地，海洋是生命的摇篮和家乡。许多生物的生活和行为都离不开水，特别是生命过程中的几个重要的环节，如生殖、幼体的发育等。时至今日，人类的生存和发展依然离不开海洋。

海洋还是巨大的能源宝库，你能举例说明人类可以利用哪些海洋能吗？

4. 画一画

海洋是全人类的共同财富。让我们拿起画笔，画一幅科学幻想画吧！

上面这张画是与你同龄的小朋友画的哦！敢与她比试比试吗？

活动二 母亲河的变迁

1. 黄浦江和苏州河

黄浦江和苏州河是上海的母亲河。黄浦江源于________，全长约________千米，河宽300—700米，终年不冻，在吴淞口注入长江，是长江入海之前的最后一条支流。它流经上海市区，将上海分割成了________和________。

苏州河，又称________，是黄浦江的主要支流。发源于________，在上海市区外白渡桥附近汇入黄浦江，全长________千米，上海境内________千米。

2. 苏州河的变化

很久以前，苏州河河水清澈迷人，百姓可以捕鱼、行船。可是……

让我们走进“梦清园——上海苏州河展示中心”一探究竟吧！

◆ 20世纪20年代以后，上海工业逐步发展，城市规模不断扩大，苏州河水渐渐变得混浊，到了六七十年代，市区河流终年黑臭，沿岸环境脏乱不堪，成为上海环境的一个“污点”。

通过参观，我知道苏州河变“黑臭”的原因有：

____

____

◆ 20世纪90年代后，政府投入巨资，对苏州河进行了全面的整治，基本消灭了苏州河的黑臭现象。如今在苏州河南岸、宜昌路以西、江宁路桥东侧，建成了苏州河梦清园环保主题公园，苏州河段每年重阳节期间都举行龙舟赛。

3. 找一找

听水小品

雕塑听水小品（雨水调蓄池）其实是一个在地下6米处，拥有一个有效容量达2.5万立方米的调蓄池，用于在降雨期间收集较脏的初期雨水。待雨停后，当排水管有能力排水时，通过水泵将调蓄池内的雨水送入排水管网缓慢地输送到污水处理厂进行处理。调蓄池还通过20多根通气管直通地面，塑造发声雕塑，市民可以在此聆听地下水奏出的天然乐章。

“梦清园”中还有不少特殊的设计，请找一找、记一记：

____

____

____

活动三 节水进行时

1. 世界水日

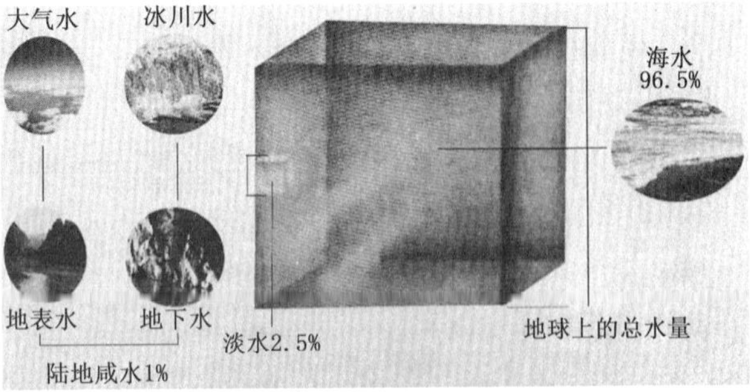

水资源是指用于生活和生产的水，主要是指淡水资源。地球虽然号称“水球”，但是地球上的淡水非常有限。1993年1月18日，第47届联合国大会确定每年的________为“世界水日”，旨在让全世界一起来关心水的问题。世界卫生组织曾于1996年指出，缺水是全世界城市面临的首要问题，估计到2050年，全球有46%的城市人口缺水。

2. 缺水地区

上网查找资料，看看世界上有哪些地方缺水，给当地人民带来了什么影响，想一想缺水的原因是什么。

上面左、中、右三张图，各是哪种缺水情况？将你的分析写在下面。

左边的是:________________________________

中间的是:________________________________

右边的是:________________________________

3. 节水小窍门

左边图中画的是节约用水的情景，请你看图写故事。

____

____

____

____

____

____

你还有什么节约用水的好办法吗？

我知道：______________________________

____

4. 你做到了吗？

请在括号内打“√”或“×”。

（1）我能在不用水时立即关紧水龙头。……………………………（　）

（2）我经常宣传节约用水的好处。…………………………………（　）

（3）我知道家里每月的用水量。……………………………………（　）

（4）我知道节水的小窍门。…………………………………………（　）

5. 设计标语

请设计一条“节水”标语，不要与下面的标语文字相同。

____

____

____

活动评价表

评　价　标　准		自评	互评	师评
信息采集	浏览网上或书本资料，认真完成阅读任务。			
	活动准备有条不紊，能带齐活动所需物品。			
	收集有关资料，及时整理、归类、存放。			
发现探索	善于思考，能发现并解决活动中遇到的问题。			
	活动中有自己的创意，并与同学分享。			
	能积极主动帮助别人解决问题。			
合作态度	认真听从老师的安排。			
	积极与他人团结协作。			
完成作业	按时完成各类作业，且质量较高。			
	能积极参加活动评比，态度认真，获得好评。			

注：评价可以分为 A、B、C、D 四个等级。A 代表非常好，B 代表很好，C 代表较好，D 代表一般。互评要三位同学参评。

__________同学在这次单元活动中认为自己可以得到（　　）个 A，同学认为他可以得到（　　）个 A，老师认为他可以获得（　　）个 A。

互评同学签名：__________、__________、__________

师评教师签名：__________

活动建议书

项目	具　体　建　议
活动内容改进意见	
活动方法改进意见	
其他意见	

注：活动建议书由参与课程活动的同学本人填写。

李岗 / 主编

爱心生活

德育主题教育活动

（下册）

上海社会科学院出版社
SHANGHAI ACADEMY OF SOCIAL SCIENCES PRESS

主　编　李　岗

副主编　赵　苹　孙　颖

策　划　胡立德

编　委　王　璠　王晓琼　邢　雯　朱　叶　刘　沫　刘　玲
孙　颖　杜永念　杜婷立　宋　玲　张晓茹　陆颖梅
周金荣　赵　苹　俞　蓉　徐凌嵚　殷　勤　钱　云
黄　烨　龚琼琼　葛祖依　蒋汉东　蒋　莹

前　言

《爱心生活》是上海市万里城实验学校德育主题教育活动的校本教材。

《礼记·乐记》："其爱心感者，其声和以柔。"说的是有爱心的人，与人对话时和蔼可亲。中国儒家思想的核心是"仁爱"。《淮南子·修务训》中说："尧立孝慈仁爱，使民如子弟。"这种亲如家人的黏合剂是爱心。韩愈在《原道》中解释说："博爱之谓仁。"可见，中国传统文化的"爱"有极其丰富的内涵。美国心理学家马斯洛（Abraham H. Maslow，1908—1970）的需要层次理论强调"爱"是人最大的需要之一。可以说，无论是爱所维系的社会关系，还是爱所具有心灵沟通的积极意义，是世界共生共凝、共建共享的。从这个意义上来说，爱心是世界文明恒留久远的重要组成部分。

爱与被爱是相互的，世界因为有爱心才显得美丽，学校因为有爱心才显得温馨。爱心伴随我们撒播道德的种子，爱心伴随我们勤奋耕耘，爱心可以绽放美丽的人格之花。《爱心生活》是万里城实验学校的特色德育课程，学校正努力使爱心生活教育成为国家课程、地方课程校本化实施的主要途径之一。

爱心生活的教育就是从生活细节中开展德育活动，学校师生不仅要有爱的认知，更要有爱的行动，做到关爱自己，关爱亲人，关爱身边的他人，关爱自己所处的生活环境，做有爱心的人，过有爱心的生活。

作为德育主题教育活动课程的载体，《爱心生活》紧扣上海市普通中小学课程方案，落实教育部关于社会主义核心价值观进教材、进课程、进课堂的要求，以社会主义核心价值观的"爱国""敬业""诚信""友善"四个维度为主轴，通过九个年级的不同主题教育活动，使学生在系列化和具体化的活动中，传承并诠释"为每一个学生的幸福人生奠基"的办学理念，追求"让每一个学生都具有成就幸福人生的基础素养"。

爱心文化聚焦于课程之理念，幸福追求融合于教材之宗旨。本着这样的信念，教材编写过程中，我们既大力弘扬中华优秀传统文化之精华，又紧密联系现代文明核心价值之精髓，使课程内容的传统文化与现代文明无缝衔接；既重视与体现国家课程和地方课程对学生的核心素养要求，又重视和体现普陀区本土文化对学生的基本素养要求，较好地实现了国家课程和地方课程的校本化。

苏霍姆林斯基曾经说，教育的理想就在于使所有的儿童成为幸福的人。本教材强调学生对爱心生活有“内化于心，外化于行”的学习过程。因此，在课程活动设计中，我们试图改变课程实施过于强调被动接受学习、机械训练的现状，引导学生主动参与、乐于探究，从而在更深的层面上，推进“读万卷书，行万里路”的学习活动。同时，让他们在这个过程中，不断强化主动学习意识，丰富社会实践经历，养成良好的学习习惯，提升基础素养、思维习惯和理想信念，在爱心生活教育中激发幸福感，最终促进学生的全面发展和健康个性发展。

认知心理学认为，个体的认知发展是一个内部的自我建构过程，不同年龄的孩子有不同的认知层次，课程内容应该按孩子的认知层次依次递进。但在客观世界中，如“翻转课堂”一样，认知层次论的一些认知往往在现实生活世界中被翻转，这是现代化、信息化、数字化生活带来的新变化。所以，我们不囿于认知层次论，只遵从教育家陶行知所说的“生活即教育”，将教材内容与学生日常生活紧密相联系，使日常生活成为有爱心的生活，学生可以在爱心生活中陶冶情操，同时结合其他教育途径自我建构道德品质素养体系，成为一个有理想、有道德的人。

美国哲学博士霍华德·金森曾经总结说：“所有靠物质支撑的幸福感，都不能持久，都会随物质的离去而远离。唯有心灵淡定宁静，继而产生身心愉悦，才是幸福的真正源泉。”万里城实验学校的爱心生活教育，追寻的就是这种幸福的源泉。

李　岗

2017年9月

目录（下册）

主题六 爱集体（高阶）

六年级

第一单元 团结的集体力量大

当你穿上初中的新校服，来到新的班级，看到熟悉或陌生的脸庞，你是否已经开始憧憬初中的新生活？是否在心中暗暗地给自己定下新目标？

欢迎来到新的集体！在这个集体中，我们将度过四年的中学生活。作为新生，我们要学会适应中学生活，学会认识集体，融入集体。

我们每个人都是独立的个体，但是当我们这些独立的个体有了一个相同的目标，汇聚在一起时，我们就成为一个集体。也就是说，不管个人做得如何，都会关系到这个团体的荣耀或耻辱。

在一个班级中，每个人都有自己的岗位，不管是普通的一员，还是班干部，都有自己的职责需要完成。每个人都要做好自己份内的事。这样，这个集体就会变得井然有序。每个人虽然忙忙碌碌的，但每个人都会感到很快乐！

正所谓：“一滴水，只有放进大海，才不会干涸；一个人，只有融进集体，才能充分展现他的才华和生命的价值。”希望同学们都能为班集体贡献自己的一份力量，展现自己的才华和价值。

活动一 认识集体

1. 写一写

根据你的生活经历，你认为什么是集体？

我心中的集体是：________________________________

2. 查一查

若想要对“集体”有准确的理解，我们可以利用查字典或者网络搜索引擎等方式：

我查到的“集体”的解释是：________________________________

____

3. 做一做

要求：通过网络，寻找一个你最喜欢的集体，介绍给大家。用电脑软件照例制作最爱集体的名片。全班同学形成一套最爱集体名片，可展示在中队宣传栏内供大家相互浏览、了解、学习。

在下面左侧框内可以画出你喜欢的集体或者贴上集体的照片，在右侧框内向大家简要介绍一个你喜欢的集体（如科研团队、篮球队、明星团体等），写出集体的名称、事件、值得学习的地方等。

4. 忆一忆

在你的生活中，一定有一个让你难忘的集体吧！是那个共同训练的击剑队，还是那个共同挥汗如雨的班级连，或是那个共同在春秋游玩乐的班集体？在那个集体中又发生了什么事会让你有那样的感受呢？就让我们打开回忆的大门，用日记的方式来记录下它。

时间：________ 地点：________ 标题：________

事件：________

____

____

组内交流、留言。

以四人为一个小组，每位同学朗读自己所写的难忘集体，其余同学对该回忆留言。（留言内容参考：集体共同经历的事件是否难忘，该事件是否有意义，等等。）

小组成员：________

留言：____

____

小组成员：________

留言：____

____

小组成员：________

留言：____

____

活动二 体验集体力量

1. 集体的重要

集体，有很多学生没有深入地了解其作用，也没有清晰地认识到它的力量所在。大家身边不乏拥有个人主义思想的同学。今天，就让我们求同存异，各展所长，来场思想大碰撞吧！请同学们以“集体真的那么重要吗？”为题，展开辩论。（在老师的指导下进行，以小组为单位，按照下面的流程规则进行，观点明晰，注重礼仪。）

“集体真的那么重要吗？”辩论会设计

（1）了解辩题

正方辩题：集体的作用比个人的表现重要。

反方辩题：个人的表现比集体的作用重要。

（2）了解辩论流程

学生组织辩论选手报名：

正方一辩：________，正方二辩：________，

正方三辩：________，正方四辩：________。

反方一辩：________，反方二辩：________，

反方三辩：________，反方四辩：________。

主持人（男）：________，主持人（女）：________。（主持稿交由教师审核）

评委组：指导老师、________、________、________。

（3）特设围观同学场外支持环节，在自由辩论时可自由向正反方辩手提问。而最终辩论结束后全场观众可从双方辩论选手中各投票选出一名最有价值选手（MVP）。

你心中的 MVP 是：

（4）学生唱票（唱票人：班长；计票人：学习委员、文娱委员）。

（5）两位当选 MVP 的同学将获得神秘奖品。

正方一辩：（　）正方二辩：（　）正方三辩：（　）正方四辩：（　）

反方一辩：（　）反方二辩：（　）反方三辩：（　）反方四辩：（　）

2. 了解集体力量

了解集体力量，最好的方式莫过于实践。通过集体活动的设计与参与，最终同学们一定能够意识到集体力量的重要性。

集体活动出行设计

◆ 我最喜欢的集体活动是:________。我想要通过________________（方式）体验集体活动，为此我需要设计一份出行合作计划:

出行时间:________，目的地:________，总共花费时间:________天。

集体活动能锻炼的能力有:________________，所需场地:________________________。

集体活动的预算：______元，所需器材获取方式:________________________________。

预计考察的目标是：我要了解____________、____________、____________等。

我出行的预算总计:______元，其中来回车费:______元，伙食费:______元。

3. 分享收获

除了参与集体活动的途径以外，还有什么可供选择的方式吗?（如课堂记录、听讲座、观看主题影片等）

小提示

（1）记录的规范：时间、地点、人物等。

（2）记录的要点：主讲人、主题、自己的感受等。

时间:____________ 地点:________________ 学习方式:____________

主题:____

____

____

____

你的感想:____

____

活动三 讴歌集体

1. 歌颂集体

在自身体验了集体的力量后，想必大家对于集体的概念有了更深的了解。其实每个人心中必定都有那么一段心声，也必定有话想对自己所处的集体与集体内的伙伴说，然而平时的生活中，我们却没有那么坦诚地表露我们的心声，就让我们学习一首歌颂集体的歌曲吧！

真心英雄

李宗盛词曲
吉聿制谱

2. 我为集体画幅画

在很多场合中，我们依靠集体的力量获得了荣誉，比如几人组成的集体、以小组为单位的集体、班集体等，请在下面的框内画一个集体活动的场景。

3. 我将来的集体

请大家给未来十年后的自己写一封信，写下现在自己对生活的想法，印证未来，期望未来，看看我们未来会加入一个什么样的集体。近朱者赤，近墨者黑，集体的优劣影响着我们每个人。

一滴水只有放进大海里才永远不会干涸，一个人只有当他把自己和集体事业融合在一起的时候才能最有力量。 ——雷　锋

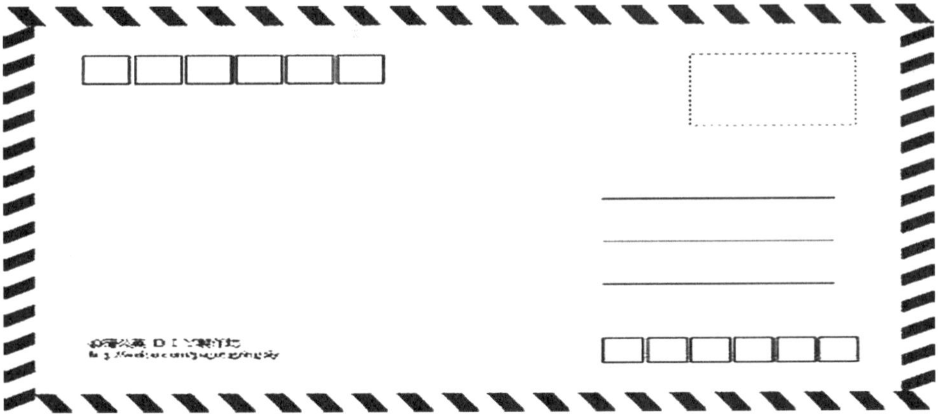

活动评价表

评　　价　　标　　准		自评	互评	师评
信息采集	浏览网上或书本资料，认真完成阅读任务。			
	活动准备有条不紊，能带齐活动所需物品。			
	收集有关资料，及时整理、归类、存放。			
发现探索	善于思考，能发现并解决活动中遇到的问题。			
	活动中有自己的创意，并与同学分享。			
	能积极主动帮助别人解决问题。			
合作态度	认真听从老师的安排。			
	积极与他人团结协作。			
完成作业	按时完成各类作业，且质量较高。			
	能积极参加活动评比，态度认真，获得好评。			

注：评价可以分为A、B、C、D四个等级。A代表非常好，B代表很好，C代表较好，D代表一般。互评要三位同学参评。

__________同学在这次单元活动中认为自己可以得到（　　）个A，同学认为他可以得到（　　）个A，老师认为他可以获得（　　）个A。

互评同学签名：__________、__________、__________

师评教师签名：__________

活动建议书

项目	具　体　建　议
活动内容改进意见	
活动方法改进意见	
其他意见	

注：活动建议书由参与课程活动的同学本人填写。

主题六　爱集体（高阶）

六年级

第二单元　我是集体中一员

集体，照《现代汉语词典》的解释是“许多人合起来的有组织的整体（跟个人相对）”，在别的词典里又是另一番解释，但是总体都是突出三要素：第一，许多人；第二，有组织的、团结的；第三，整体。

我是班集体里的一名普通的学生，在班集体里成长，在班集体里学习，在班集体里生活。只有在这个班集体中我才能体现我的价值，才能更好地发挥我的优势。

一个人的力量小，集体的力量大无比。没有一颗一颗小星星，也不会有银河；没有一棵棵树木，也不会组成一望无际的森林；没有点点滴滴的小水珠，也不会有无边无际的大海。同样，我们每个人也是组成班集体的一个小小分子，没有我们，也没有班集体，我们的生活学习不能离开班集体而存在。只有我们人人为班集体，人人遵守班集体中的规章制度，那么这样的班集体才能成为我们健康成长的摇篮，才会是一个温暖和谐的大家庭。

活动一 我为集体出份力

1. 情景小品

剧中人物：学生 A、学生 B、学生 C。

旁白：学校新学期教室环境布置正开展得红红火火，我们班里的同学在“班级是我家，发展靠大家”的号召下，早早把班级布置成一个人见人爱的温馨家园。如今，只剩下环境清洁工作了，你瞧，他们正忙碌着呢。

学生 A：（抹着汗）唉，你瞧！这地方脏得不得了。

学生 B：是呀，不累死我，算世界第九大奇迹了。

学生 C：看来今天扫完地，我要申报世界吉尼斯纪录，哈哈哈，捧个奖杯让你们瞧瞧！（高举扫帚）

学生 A、B、C：（轻声叹气，哼唱）因为我们是一家人，相亲相爱的一家人，有福就该同享，有难必然同当。

学生 A：可今天的“难”不好当啊！都傍晚 6:00 了，好想回家！

旁白：是啊，傍晚 6:00 了，不早了，别的班的同学都已经早早做完清洁走了，我们班里的几个同学却刚刚开始，怎不叫人心烦呢？

（1）演一演

角色分配：旁白：__________　　学生 A：__________

学生 B：__________　　学生 C：__________

（2）评一评

哪个角色演得真实？

我认为__________同学扮演的角色很真实。

我同桌认为__________同学扮演的角色很真实。

（3）想一想

以上几个打扫的同学，如果是你，你会怎么做呢？

我的想法是：______________________________

____

我同桌的想法是：______________________________

____

老师的评语：______________________________

____

2. 三人四足

（1）比赛规则

我拟定的比赛规则是：______________________________

____

____

____

经过讨论后，我们小组拟定的比赛规则是：

____

老师的点评：______________________________

____

（2）比赛

职　　务	姓　　名
组织人	
裁　判	
记分员	
其　他	

（3）比赛名次

第一名：__________　　第二名：__________

第三名：__________、__________、__________

（4）比赛反思

我的收获

同桌的收获

老师的话：

活动二 班规是班级集体的保障

1. 小故事

有一位骑师驯了一匹好马。他认为给这样的马加上缰绳是多余的。有一天，在骑马出去时，他把马的缰绳解掉了。马儿在原野上飞跑着，当它知道什么束缚也没有的时候，就越来越大胆了。它一路狂奔，把骑师给摔了下来。它往前直冲，什么也不顾，什么也不管，最后竟然昂起头得意洋洋只看天，不看地，结果一头撞在巨石上粉身碎骨。

同学们，从这个简短的小故事中能体会到什么道理？

我的体会：____

____

同桌的体会：______________________________________

____

2. 实话实说

事例		我的看法	同学的看法
	语数英之外的一些课，上课纪律比较松散，认为这些课不重要。		
	午休、自习课的时候，没有老师在教室，班级秩序混乱，大家都在讲话。		

续表

事例		我的看法	同学的看法
	做眼保健操的时候，睁着眼睛，不好好做操。		
	中午吃饭的时候，从前面出去，不好好排队，甚至有插队现象。		
	早上经常迟到，认为成绩好就行了，迟不迟到没关系。		
	预备铃响了还在讲话，已经开始上课了才匆忙地到后面柜子里拿书。		

3. 想想班规的重要性

活动三 我的班规我做主

1. 制定班规

对于这些不好的行为，请你制定相应的班规。

语数英之外的一些课，上课纪律比较松散，认为这些课不重要。

午休、自习课的时候，没有老师在教室，班级秩序混乱，大家都在讲话。

做眼保健操的时候，睁着眼睛，不好好做操。

中午吃饭的时候，从前面出去，不好好排队，甚至有插队现象。

早上经常迟到，认为成绩好就行了，迟不迟到没关系。

预备铃响了还在讲话，已经开始上课了才匆忙地到后面柜子里拿书。

2. 完善班规

小组讨论，将完善的班规填写在表格内。

<table>
<tr><th colspan="2">初拟的班规</th></tr>
<tr><td colspan="2">学习：

纪律：

日常：

其他：</td></tr>
<tr><td colspan="2">小组讨论，补充完善</td></tr>
<tr><td>姓　名</td><td>补充的班规说明</td></tr>
<tr><td></td><td></td></tr>
<tr><td></td><td></td></tr>
<tr><td></td><td></td></tr>
<tr><td></td><td></td></tr>
<tr><td></td><td></td></tr>
</table>

3．实施班规

请写下你的承诺书，并在日常学习生活中自觉遵守班规。

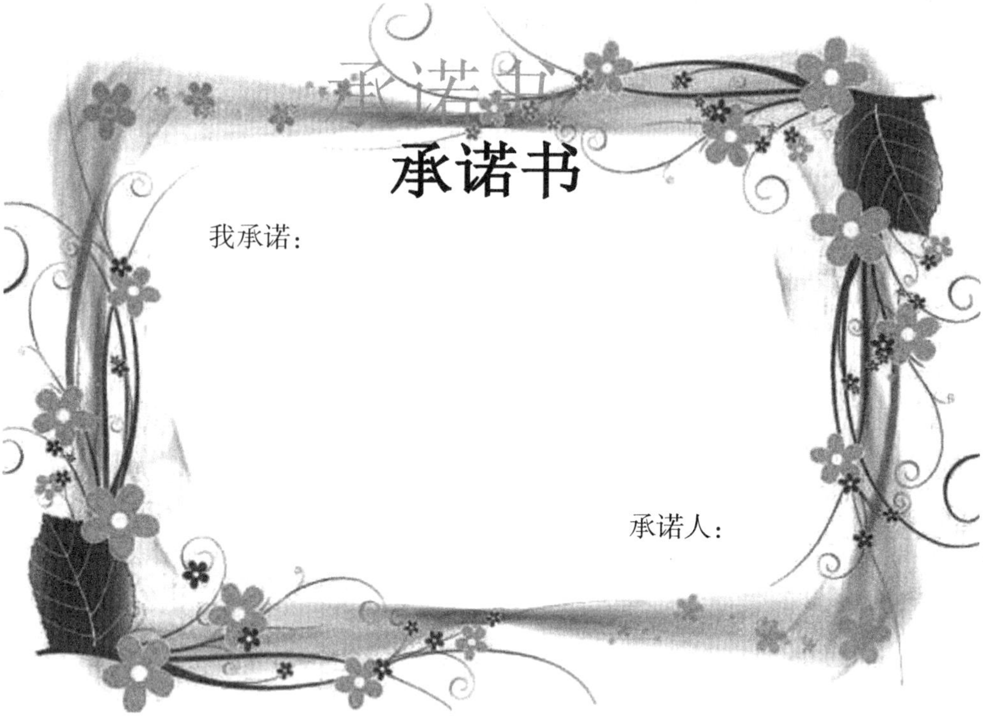

在班级中宣读你的承诺书，并请小组成员签名见证。

我们的签名

活动评价表

评　价　标　准		自评	互评	师评
信息采集	浏览网上或书本资料，认真完成阅读任务。			
	活动准备有条不紊，能带齐活动所需物品。			
	收集有关资料，及时整理、归类、存放。			
发现探索	善于思考，能发现并解决活动中遇到的问题。			
	活动中有自己的创意，并与同学分享。			
	能积极主动帮助别人解决问题。			
合作态度	认真听从老师的安排。			
	积极与他人团结协作。			
完成作业	按时完成各类作业，且质量较高。			
	能积极参加活动评比，态度认真，获得好评。			

注：评价可以分为A、B、C、D四个等级。A代表非常好，B代表很好，C代表较好，D代表一般。互评要三位同学参评。

__________同学在这次单元活动中认为自己可以得到（　　）个A，同学认为他可以得到（　　）个A，老师认为他可以获得（　　）个A。

互评同学签名：__________、__________、__________

师评教师签名：__________

活动建议书

项目	具　体　建　议
活动内容改进意见	
活动方法改进意见	
其他意见	

注：活动建议书由参与课程活动的同学本人填写。

主题六　爱集体（高阶）

六年级

第三单元　我为集体争荣誉

正所谓一滴滴水只有融入大海才会永不干涸，一根根筷子只有捆在一起才会坚不能折。这一句句充满哲理的话语告诉我们，一个集体只有团结友爱才会迸发出无穷的力量。

同学们，一滴水蕴藏着大海的本质，一束光反映了太阳的光辉，一件小事也能折射出一个人的修养。集体荣誉感和文明习惯是一个人的文化修养和行为情操的重要表现。文明做人，道理并不复杂，但贵在集体荣誉感和文明习惯的养成，难在长期的坚持。

集体荣誉感无处不在，成才先成人，爱国先爱校。学校是我们的家，建设靠大家。让我们从身边做起，从小事做起，从现在做起。只有这样，才能养成文明习惯，做一个文明青少年。

活动一　集体荣誉知多少

1. 搜罗信息

（1）通过字典、书籍或网络，获知“荣誉”这个词的意思。

我通过________获知了“荣誉”的意思。解释如下：

荣誉：____

（2）我们准备去图书馆、阅览室，通过书籍查阅和网络搜索，完成下列表格。（表格中的信息可以选填）

	民族 / 国家 / 学校 / 中队 / 小队荣誉	荣誉背后的故事
事例 1	2016 年 8 月 21 日上午，中国女排在里约奥运会女排决赛中以 3∶1 胜塞尔维亚女排，强势夺冠。这也是中国女排在 2004 年雅典奥运会后，时隔 12 年再次摘得奥运会金牌。	 主教练郎平接受记者采访时，谈到女排精神：“我们就是永远不放弃，追求每一分。不去设计结果，认真打好每一分，该是什么就是什么。特别是到关键的时候要敢出手，依靠我们团队的作风和配合，在比赛中能够画一个圆。”
事例 2		

2. 交流分享

小组交流

学生以 4—5 人为一个小组，交流各自的信息，同时归纳出三个被大多数组员认可的内容，完成以下表格。

第__组	民族 / 国家 / 学校 / 中队 / 小队荣誉	荣誉背后的故事
事例 1		
事例 2		

班级交流

各小组派出代表，在班级中交流组内完成的表格信息，并且选出“最佳成果”小组。

我们小组的交流代表是：____________________

我们选第________组为“最佳成果”小组。

评选标准

* 所写荣誉属于集体。

* 交流内容是众所周知的。

* 交流代表精神饱满。

活动二　我和集体荣辱与共

1. 我是小记者

请学生以小组为单位，进行全校范围的采访活动，为后续关于“夸夸我的________（学校 / 中队 / 小队）”为主题的小报制作做好准备。先在小组内设计采访问题，然后在采访时完成以下调查表。

请小组成员开动脑筋，在以下三个问题的基础上再多设计几个采访问题：

（1）您知道我们学校里的集体荣誉有哪些吗？请列举几个。

（2）您能说说您班级里的荣誉吗？

（3）您为您的班级和学校感到骄傲吗？

（4）____

（5）____

（6）____

采访记录：在采访过程中，可以向本班或他班同学进行采访，请从以上问题中选择 2—3 个问题完成采访，每采访一个同学完成一个采访记录。

采访人：________________	
被采访年级：____________	被采访学生：____________
采访问题：______________ ________________________ ________________________	采访回答：______________ ________________________ ________________________

采访人：________________	
被采访年级：____________	被采访学生：____________
采访问题：______________ ________________________ ________________________	采访回答：______________ ________________________ ________________________

2. 我是小编辑

以小组为单位，整理采访信息，完成题为“夸夸我的________（学校 / 中队 / 小队）”的小报制作。

可以选用以下的模板：

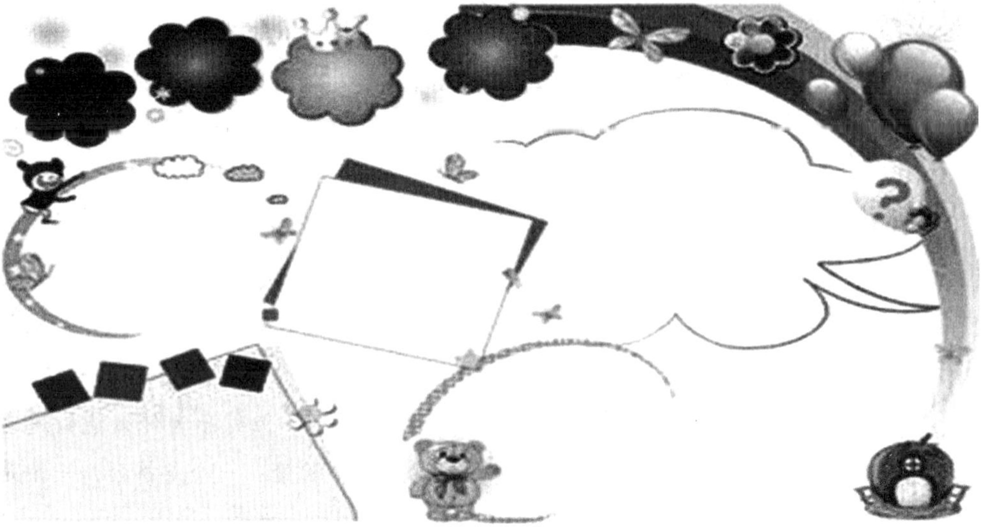

也可以发挥小组成员的特长，自己手绘完成小报：

活动三　做能贡献的好少年

请大家先读一读雷锋叔叔的光荣事迹。

雷锋把自己的藏书拿出来供大家学习，被人们称为“小小的雷锋图书馆”。

1960 年 10 月以后，雷锋先后担任了抚顺市建设街小学（即现在的雷锋小学）和本溪路小学校外辅导员。雷锋平时工作、学习都很忙，他只能利用午休时间或风雨天不能出车的日子请假到学校去找教师、同学谈心，或进行其他辅导活动。他善于团结小朋友，启发他们好好学习，天天向上。

施工任务中，他整天驾驶汽车东奔西跑，很难抽出时间学习，雷锋就把书装在挎包里，带在身边，只要车一停，没有其他工作，就坐在驾驶室里看书。他在日记中写下这样一段话：“有些人说工作忙，没时间学习，我认为问题不在工作忙，而在于你愿不愿意学习，会不会挤时间。要学习的时间是有的，问题是我们善不善于挤，愿不愿意钻。一块好好的木板，上面一个眼也没有，但钉子为什么能钉进去呢？这就是靠压力硬挤进去的。由此看来，钉子有两个长处：一个是挤劲，一个是钻劲。”我们在学习上也要提倡这种“钉子”精神，善于挤和钻。

1. 讲一讲

请大家讲一讲女排作出的贡献。

2. 夸一夸

在班级中夸一夸那些曾为班级添光彩的同学。

同学 1：________
他 / 她获得了：____________________

为获得荣誉，他 / 她（付出的努力）：
____
____
____
____
____

同学 2：________
他 / 她获得了：____________________

为获得荣誉，他 / 她（付出的努力）：
____
____
____
____
____

3. 表一表

我们都根据自己的个人情况，表一表今后为班级集体争荣誉的决心。

我是____班的________

劳动最光荣！
我可以____________________
____

学习争进步！
我可以____________________
____

运动我积极！
我可以____________________
____

其他我也棒！
我可以____________________
____

活动评价表

评　价　标　准		自评	互评	师评
信息采集	浏览网上或书本资料，认真完成阅读任务。			
	活动准备有条不紊，能带齐活动所需物品。			
	收集有关资料，及时整理、归类、存放。			
发现探索	善于思考，能发现并解决活动中遇到的问题。			
	活动中有自己的创意，并与同学分享。			
	能积极主动帮助别人解决问题。			
合作态度	认真听从老师的安排。			
	积极与他人团结协作。			
完成作业	按时完成各类作业，且质量较高。			
	能积极参加活动评比，态度认真，获得好评。			

注：评价可以分为 A、B、C、D 四个等级。A 代表非常好，B 代表很好，C 代表较好，D 代表一般。互评要三位同学参评。

__________同学在这次单元活动中认为自己可以得到（　　）个 A，同学认为他可以得到（　　）个 A，老师认为他可以获得（　　）个 A。

互评同学签名：__________、__________、__________

师评教师签名：__________

活动建议书

项目	具　　体　　建　　议
活动内容改进意见	
活动方法改进意见	
其他意见	

注：活动建议书由参与课程活动的同学本人填写。

主题七　爱合作

七年级

第一单元　学会倾听

人与人之间，离不开沟通与交流。能说会道固然很重要，但是学会倾听、懂得倾听，有时比会说更重要。

倾听是与人交流的基础，同时也是一项技巧，一种修养，一门艺术。

一个人在谈话中是否善于听，是谈话成功与否的决定因素。只有会“听”，才能更准确地把握谈话者所要表达的意图、流露出的情绪、传播出的信息，才能根据对方的言谈了解其心理与个性，才能更好地促使对方继续谈下去，达到最终的目的，因此会“听”才能更好地“说”。

同时，倾听是一种礼貌，是对他人的尊重和理解；也是一种等待，给每一个人说话的机会。倾听时不要随意打断，也不轻易作出评价。要学会在倾听中交流，在倾听中沟通。

认识倾听的重要性，了解正确的倾听行为，改正不良的倾听习惯，在倾听时能做到——用心、专心、会心，会站在“说话”者的角度思考问题，能及时给出鼓励、赞许、微笑或者同情、理解等反馈。学会倾听不仅能够帮助我们更好地处理同学关系、师生关系以及与父母的关系，还能帮助我们更好地提高课堂学习效果，能让我们从倾听中获取知识，获得智慧和灵感，赢得真诚和信任。

活动一　认识倾听

倾听是一项技巧，是一种修养，更是一门艺术。懂得倾听，有时比会说更重要。倾听，是一种礼貌，是对他人的尊重和理解；也是一种等待，给每一个人说话的机会。倾听时不要随意打断，也不轻易评价。

1. 读名言

站起来发言需要勇气，而坐下来倾听，需要的也是勇气。——丘吉尔

上帝给了我们两只耳朵，一张嘴，为的是让我们多听少讲。——苏格拉底

耳朵是通向心灵的道路。——伏尔泰

所谓的“耳聪”，也就是“倾听”的意思。——爱默生

以小组为单位朗读名言，选出朗读得最好的同学参加班级朗读名言比赛。

你认为你们组谁朗读得最好：__________，理由是______________________________

你认为好的朗读应该做到哪几点：____

____

2. 搜集名言

找一找，做一做

要求：通过网络、报刊书籍等搜集有关倾听的名言，从中选出两条你喜爱的名言介绍给大家，并写上你对名言的理解和认识。

示例：

名言	我的理解与认识
名言： 要做一个善于辞令的人，只有一种办法，就是学会听人家说话。——莫里斯	想要做一个善于说话、会说话的人，就要先学会听别人说话，学会倾听别人的心声，不断修炼自己的说话技巧，这样自己说的话才能够恰到好处，既表达自己的观点，又兼顾别人的感受。

搜集两条有关倾听的名言，并用自己的语言写下你的理解与认识，并在小组内进行交流。

名言 1 ______________________ ______________________ ______________________ ______________________	______________________ ______________________ ______________________ ______________________ ______________________

______同学对我摘录的名言有不同的理解，他（或她）的理解是______
____

名言 2 ______________________ ______________________ ______________________ ______________________	______________________ ______________________ ______________________ ______________________ ______________________

______同学对我摘录的名言有不同的理解，他（或她）的理解是______
____

3. 分享故事

出人意料的回答

有一次美国知名主持人林克莱特访问一名小朋友，问他说："你长大后想要当什么呀？"小朋友天真地回答："嗯，我要当飞机驾驶员！"林克莱特接着问："如果有一天，你的飞机飞到太平洋上空，所有引擎都熄火了，你会怎么办？"小朋友想了想："我会先告诉坐在飞机上的人绑好安全带，然后我挂上我的降落伞先跳出去。"当现场的观众笑得东倒西歪时，林克莱特继续注视着这孩子，想看他是不是自作聪明的家伙。

没想到，接着孩子的两行热泪夺眶而出，这才使得林克莱特发觉这孩子的悲悯之情远非笔墨所能形容。于是林克莱特问他："为什么要这么做？"小孩子的回答透露出一个孩子最真挚的想法："我要去拿燃料，我还要回来！我还要回来！！"

听了这个故事，你对故事中的主持人、小朋友和观众分别有什么看法？

主持人	观　众	小朋友

分组交流：跟我想法相同的是＿＿＿＿＿＿，跟我想法不同的是＿＿＿＿＿＿，他（或她）的想法是＿＿＿＿＿＿＿＿＿＿＿＿＿＿＿＿＿＿＿＿＿＿

其他组同学支持我想法的有＿＿＿＿＿＿，跟我想法不同的是＿＿＿＿＿＿，他们的想法是＿＿＿＿＿＿＿＿＿＿＿＿＿＿＿＿＿＿＿＿＿＿＿＿

分享与感悟

在生活中你有没有因"倾听"而感到快乐或因不被倾听而感到伤心的经历？写下来，跟同学们一起分享。

活动二 学会倾听

倾听，不仅是一种态度，更是一种能力。学会在倾听中交流，在倾听中沟通。倾听不仅仅是听，还要在听的时候用心、专心、会心。

1. 听与倾听的区别

听：用耳朵感受声音。听是人的听觉器官对声音的生理反应。

倾听：以听到声音为前提，但是要求我们对听到的声音要有所反应。这是一个接收、理解、思考并作出必要的反馈的过程，要用心，要专心，要学会不仅用耳朵，更要用心、用眼睛去听，要暂时忘却自己的思想、期待、成见和愿望。

（1）情景分析

观察下图，与同组伙伴一起讨论，思考“倾听”应该怎么做。将小组讨论记录和讨论结果填写在右侧的方格内。

样例

小组讨论记录：

学生 1：不该在别人跟你讲话的时候还继续做自己的事情，这对别人是一种不礼貌的行为。

学生 2：坐着打电脑，这样的行为会让说话的同学觉得不被尊重。

学生 3：听人家讲话的时候应该眼睛看着对方，让对方知道你在认真听。

讨论结果：

倾听必须停下自己做的事情，认真听，眼睛看着对方，并认真思考，并对对方说的话及时给出一些反馈。

情景 1

小组讨论记录：

______

______

______

______

讨论结果：

______

______

情景 2

小组讨论记录：

______

______

______

______

讨论结果：

______

______

（2）同伴讨论

在我们的课堂中，是不是也有不良倾听的行为？请大家指出并提出整改意见。

不良倾听行为	应该怎么做

（3）自我反思

在我以往的倾听行为中，有些是不良的倾听行为，我要思考加以改进。

不良倾听行为	如何改进

友情提醒：

有效倾听的原则：（1）不要打断讲话人；（2）设身处地从对方角度着想；（3）豁达的心胸，努力做到不发火；（4）用鼓励性的言辞，眼神交流，点头、微笑等；（5）不要急于下结论；（6）适时、适度地提问；（7）必要的沉默。

2. 学会倾听

善于倾听是通向成功的一条捷径，最有价值的人，不是那些能说、会说的人，而是那些最善于倾听的人。善于倾听将使倾听者获得智慧、灵感，同时获取人与人之间的真诚与信任。

故事一

诞生于第一次世界大战中的士兵保护神——钢盔

第一次世界大战开始时还没有钢盔。一次，法国的亚德里安将军到医院看望伤员，一名伤员向他讲述了自己负伤的经过："当时，我情急之下抓了个铁锅扣到了头上！"亚德里安将军听到这句话，心中一动：可以让战士带上金属制作的帽子！于是，钢盔由此而发明。

讨论：故事一中亚德里安将军能成功发明钢盔的秘诀是什么？

我的观点是____

____

不同的观点是______________________________________

____

故事二

乔·吉拉德的故事

他在接待第一位顾客时，使出了浑身解数，磨了一个小时的嘴皮子，才说服对方下决心购买一辆新款汽车。可是在拍板成交时，顾客却突然提出不想买车了。

下班回到家里，吉拉德一直在想这件事，他躺在床上辗转反侧，无法入睡，最后拨通了对方的电话。

“对不起，11点半了。我之所以如此冒昧地打电话向您请教，是因为我想了很久，真的不知道自己哪里错了。”“呵！您现在是不是在很用心地听我说？”“当然。”

“可在今天上午，您却不是这样。在签字之前，我很自豪地说起我儿子就要从密西根大学毕业，他学习成绩优秀，将去当医生。而您呢，却在听着另外一位推销商说笑，对我则是敷衍地点点头，随后又问我孩子的功课怎样，毕业后打算做什么。我以儿子为荣，可您对我说的话不当一回事。”

吉拉德听得出来，这位顾客还憋着一肚子气。但他对此事没有一点印象，因为当时自己的确没有注意听。

对方继续说：“先生，您津津有味地听别人讲笑话，而对我所谈的却一点也不在乎。说实话，我不愿意从一个对自己不尊重的推销商那里买车！”

吉拉德这才意识到自己怠慢了顾客，第二天专程前去拜访，希望能够继续做成这笔生意。可是对方摊摊手、耸耸肩，说已在另一家公司买了车。“先生，那个推销商可与您完全不同。”顾客感叹道，“在我说起我儿子时，他全神贯注地听着，我心里感到很舒服。”

小组讨论：故事二中，吉拉德先生失败的原因是什么？当时他应该怎么做？

我的观点是____

____

不同的观点是____

____

活动三 实践倾听

倾听是最美好的动作，倾听给人以关怀、给人以尊重、给人以理解和包容，人人都渴望被倾听。让我们通过一系列活动一起来实践倾听、感悟倾听。

1. “我说你做”活动

活动规则：

听文章《花雨》，听到花朵，女生站起，听到雨滴，男生站起，站起的同学要等到后续同学站起才能坐下，看谁的反应又快又准。

当花朵最需要雨滴的时候，雨滴适时而来，在我们的故乡，称此时的雨滴为“花雨”，此时的花朵为“雨花”，因为只有这个时候，花朵才最艳丽动人，雨滴才最晶莹光彩。

怎样才能描述两者“结合”的情景？这曾经让我苦苦思索。近来读台湾一位诗人的新作，才让我惊喜读懂了我理解的诗美：花朵是雨滴的最佳归宿，雨滴是花朵最爱恋的宝贝。雨滴流进了花朵，自己充满了花的欢笑；花朵迎进了雨滴，焕发着雨滴的晶莹。雨滴感染了花朵的颜色，花朵呈现了雨滴的光泽，它们共同映出了天光，并使天光与它们的颜色结合，雨滴进入了花朵，成了花的一部分，花朵融入了雨滴，它的生命是由雨滴构成。

为什么有的同学在活动中反应又快又准确，有的同学出错较多？

我的观点__________________，其他人的观点____________________________

2. 传声游戏

游戏规则：

按小组活动，给每组的第一位同学发一张写有一句话的纸条，第一位同学看后，以口耳相传的方式小声告诉下一位同学，依次进行。最后一位同学快速将听到的话用笔记下来，并快速交给老师。传话速度最快、内容准确无误的小组为优胜组。

你所在的小组成功了吗？________（填“是”或“否”），原因是______________

____

3. 小品表演——辨识倾听行为

6位同学参与表演心理小短剧《倾听者与不倾听者》，其余学生为观察者。

角色：学生甲，倾诉者；学生乙，不倾听者；学生丙，不倾听者；学生丁，倾听者；学生戊，讲述者。

讲述者：下面请同学们观看心理小短剧《倾听者与不倾听者》，交流分析。

情景1：甲一副愁眉苦脸的样子，沮丧地走着。碰到乙，赶紧上前诉苦求助："我最近好烦，这次语文考试又考砸了，昨天被老师狠狠地批了一顿，回家又被老爸揍了一顿，而且……"乙好像在听，但面无表情，无动于衷。甲尴尬地走开了。

情景2：甲心情更糟糕了，这时他碰到了丙。甲走上前诉苦道："我最近很烦恼，我这……"丙没等学生甲说完，插嘴道："怎么啦？你烦恼什么？"甲说："我这次语文……"丙又插嘴道："语文作业没有交吗？不会做吗？"甲道："不是，是我的……"丙继续插嘴："是考试时偷看书被老师抓到了，还是你老爸又把你的手机给没收了，你没法玩游戏了？……"甲看着丙一连串说了好多话，自己插不上嘴，更加苦恼了，唉声叹气地走开了。

情景3：丁看到甲一副心事重重的样子，主动询问："最近有什么烦心事吗？"甲："我最近烦死了！"丁："什么事，你可以跟我说说，说不定我能帮你一起分担一下。"甲："我这次语文考试又很不理想，不仅被老师训了一顿，还被老爸揍了一顿。"丁："那可真够烦的。"甲："我也有我的苦衷。""苦衷是什么呢？说来听听。""我每天晚上在家做作业时，家里总是很吵，爸爸的一些朋友经常来我家打牌，噪声特别大，我学习时根本没法静下心来……"（丁边听边点头，默默地安慰着。）

看了短剧后的感受是______________________________

你更喜欢跟________交朋友，理由是________________________

4. 角色扮演——你听我说

活动规则：

分组活动，两个同学一组，一人扮演盲人，一人扮演说话提示者。盲人在提示者的提示下，在黑板上的空白脸孔上画上五官。只限于用声音提示。

获胜组是________，我认为他们获胜的原因是________________________________

其他人的观点是____

5. 倾听能力测试

请如实回答下列问题，对每个问题回答“是”或“否”。

1. 我常常试图同时听几个人的交谈。
2. 我喜欢别人只给我提供事实，让我自己作出解释。
3. 我有时假装自己在认真听别人说话。
4. 我认为自己是非言语沟通方面的高手。
5. 我常常在别人说话之前就知道他要说什么。
6. 如果我不感兴趣和某人交谈，我常常通过注意力不集中的方式结束谈话。
7. 我常常用点头、皱眉等方式让说话人了解我对他说话内容的感觉。
8. 常常别人刚说完，我就紧接着谈自己的看法。
9. 别人说话的同时，我也在评价他的内容。
10. 别人说话的同时，我常常在思考接下来我要说的内容。
11. 说话人的谈话风格常常会影响到我对内容的倾听。
12. 为了弄清对方所说的内容，我常常采取提问的方法，而不是进行猜测。
13. 为了理解对方的观点，我总会下功夫。
14. 我常常听到自己希望听到的内容，而不是别人表达的内容。

15 当我和别人意见不一致时，多数人认为我理解了他们的观点和想法。

答案：（1）否（2）否（3）否（4）是（5）否（6）否（7）否（8）否（9）否（10）否（11）否（12）是（13）是（14）否（15）是

为了确定您的得分，错误答案的个数加起来乘以 7，再用 105 减去它，就是您的最后得分。如果您的得分在 91~105 之间，那么恭喜您，您有良好的倾听习惯；得分 77~90，表明您还有很大程度可以提高；要是您的得分还不到 76 分，很不幸，您的倾听习惯很不好，要好好努力改进。

我的得分是________，我对倾听测试得分________（填“满意”或者“不满意”）。我今后需要改进的是________________________________。

活动评价表

评　价　标　准		自评	互评	师评
信息采集	浏览网上或书本资料，认真完成阅读任务。			
	活动准备有条不紊，能带齐活动所需物品。			
	收集有关资料，及时整理、归类、存放。			
发现探索	善于思考，能发现并解决活动中遇到的问题。			
	活动中有自己的创意，并与同学分享。			
	能积极主动帮助别人解决问题。			
合作态度	认真听从老师的安排。			
	积极与他人团结协作。			
完成作业	按时完成各类作业，且质量较高。			
	能积极参加活动评比，态度认真，获得好评。			

注：评价可以分为 A、B、C、D 四个等级。A 代表非常好，B 代表很好，C 代表较好，D 代表一般。互评要三位同学参评。

__________同学在这次单元活动中认为自己可以得到（　　）个 A，同学认为他可以得到（　　）个 A，老师认为他可以获得（　　）个 A。

互评同学签名：__________、__________、__________

师评教师签名：__________

活动建议书

项目	具　体　建　议
活动内容改进意见	
活动方法改进意见	
其他意见	

注： 活动建议书由参与课程活动的同学本人填写。

主题七　爱合作

七年级

第二单元　交流与沟通

交流与沟通是人与人之间、人与群体之间思想与感情的传递和反馈的过程，以求思想和感情的通畅。

人的任何活动本质上都是交流：人与物、人与人、人与自我的活动其实都是交流。有效交流，才会达到沟通的目的。

语言是人际沟通的重要载体。人类借助语言进行思想和情感的交流，以达到相互了解，共同生活。人们用于沟通的语言形式通常有口语沟通和书面语沟通。沟通交流还可以通过媒介，如肢体语言、网络语言……

交流与沟通要抱着真诚、友爱的态度，用规范得体、礼貌谦和的语言，具备端庄、大方的仪态，与同学、老师和家长等身边人，交流思想，沟通情感，营造出温馨、友爱、和谐的校园环境、家庭环境、社区环境。

学会交流与沟通，掌握一定的沟通交流的技巧，才能营造出友好和谐的成长环境，这对个人与集体的成长都有着重要的意义。

活动一 认识交流与沟通

1. 交流沟通

交流是信息互换的过程，是彼此间把自己的相关信息提供给对方。而所谓沟通，就是把有关的信息或意思传达给对方，并且能够为对方所感知的一种行为。这种行为可以是语言的，也可以是非语言的；可以是有意识的，也可以是无意识的，只要能传情达意就行。

欣赏情景对话

对话一：

妈妈："完成作业有困难吗?"

孩子："我能出去玩吗?"

对话二：

（两人一起去春游而展开的对话）

同学A赞叹："春天的郊野真美啊!"

同学B张开双臂，微笑着深呼吸："啊！我拥抱春天!"

请问：以上两个对话，是否在交流?

我的看法：________________

同桌的看法：________________

假如你是"对话一"情景中的孩子，请选择你认为适合跟妈妈交流沟通的选项：（ ）

A. 妈妈，我自己会思考。有问题我会来请教您的!

B. 能不能闭嘴? 别打断我!

C. 作业太多了！要死了!

D. 作业太多，我先埋头苦干！有困难我会请求支援的!

选择的理由：________________

2. 有效的交流沟通

沟通交流无处不在，想要有效地沟通交流，离不开交流双方的前后呼应。有呼有应，沟通情感，产生共鸣，这才是有效交流。答非所问，词不达意，或者一味抱怨，不能解决任何问题，实在是无效的交流。

有效沟通需要正直的为人与真诚友善的态度。请欣赏历史故事：将相和（看视频）。

问题

（1）屡次立下战功的廉颇为什么要负荆请罪？（从有效沟通的角度思考）

我的看法：______

同桌的看法：______

（2）在故事中，你更喜欢谁？

我更喜欢______理由是：______

（3）故事中的另一个人物，优点是：______

（4）请同学们给“负荆请罪”续写一个适当的结尾。

______

______

______

______

往事回忆

回忆自己与父母亲或与同学的一次成功的沟通交流。

（1）双方交流的内容是：______

（2）自己当时的态度是：______

（3）对这次成功的沟通交流，我的感想是：______

______

活动二 沟通交流技巧

1. 寻找典范

在我们的语文课本里，在很多我们熟知的故事里，有很多会说话的高手。如《晏子使楚》中的晏子、《王顾左右而言他》中的孟子、《公输》中的墨子、《邹忌讽齐王纳谏》中的齐相邹忌……我们可以从中学习到他们的说话套路哦!

【示例】

会说话的高手故事：战国时期齐相讽谏齐王

战国时期齐相邹忌，身高188厘米左右，长得很帅。他的妻、妾、客都赞美他比当时的美男子徐公要美。可他在见了徐公后又照着镜子反复比对，发现真相并不如此。经过冷静的思考分析，他从中得出直言不易的道理，并准备以此为喻去讽谏齐王。

邹忌在讽谏齐王时，他先以身设喻指出妻、妾、客的三种回答各有不同的原因：妻子偏爱他，妾害怕他，他的客人有求于他，所以都不能说真话。然后，他又拿齐王的地位和自己作比较："宫妇左右"莫不偏爱大王，朝廷之臣莫不害怕大王，国内没有不有求于大王的。君臣的这些处境相似。邹忌把家事、国事进行类比，最后得出"王之蔽甚矣"的结论。所以齐王接受了意见，并立即下令，改革弊政。最后国内大治，齐国的敌国都来朝见齐国。齐国强大了。

2. 感悟技巧

邹忌在讽谏齐王时，运用了许多的技巧，比如以小见大、就近取譬、类比说理、设喻说理等。下面请具体写出邹忌的交流沟通技巧。

A. 以小见大：邹忌是由生活小事想到齐王受蒙蔽的。

B. 就近取譬：________________

C. 类比推理：________________

D. 设喻说理：________________

3. 我们的发现

（1）我的发现

我读过周总理的故事。有一次，理发师正在给周总理刮胡须时，总理突然咳嗽了一声，刀子立即把脸给刮破了。理发师十分紧张，不知所措。但令他惊讶的是，周总理并没有责怪他，反而和蔼地对他说："这并不怪你，我咳嗽前没有向你打招呼，你怎么知道我要动呢？"这虽然是一件小事，却使我们看到了周总理身上的美德——________________

如果你是理发师，你心里会怎么想，把你的想法写在下面：

____

____

（2）身边有高手

在我们身边，沟通交流的时候能让我们感受到温暖的同学也有不少，请用你的慧眼找出来。各组派一个代表，说一说我或者我身边的沟通交流的高手的事例。由中队长________主持。我所在的组是第______组。

第一小组代表：________________

第二小组代表：________________

第三小组代表：________________

第四小组代表：________________

【主持人总结】

练成沟通交流的高手也不难，只需要：________________

____

活动评价表

评　价　标　准		自评	互评	师评
信息采集	浏览网上或书本资料，认真完成阅读任务。			
	活动准备有条不紊，能带齐活动所需物品。			
	收集有关资料，及时整理、归类、存放。			
发现探索	善于思考，能发现并解决活动中遇到的问题。			
	活动中有自己的创意，并与同学分享。			
	能积极主动帮助别人解决问题。			
合作态度	认真听从老师的安排。			
	积极与他人团结协作。			
完成作业	按时完成各类作业，且质量较高。			
	能积极参加活动评比，态度认真，获得好评。			

注：评价可以分为 A、B、C、D 四个等级。A 代表非常好，B 代表很好，C 代表较好，D 代表一般。互评要三位同学参评。

__________同学在这次单元活动中认为自己可以得到（　　）个 A，同学认为他可以得到（　　）个 A，老师认为他可以获得（　　）个 A。

互评同学签名：__________、__________、__________

师评教师签名：__________

活动建议书

项目	具　体　建　议
活动内容改进意见	
活动方法改进意见	
其他意见	

注： 活动建议书由参与课程活动的同学本人填写。

我的回答：________________________________

____

____

同桌的回答：________________________________

____

____

3. 合作故事

故事

一个盲人和一个跛子，被大火围困在一座楼房里，眼看只有坐以待毙，但四肢健全的盲人和眼睛明亮的跛子，聪明地组合成一个完整的“身体”。盲人背起跛子，跛子指路，终于从大火中死里逃生。

这个故事给我的成长启示是________________________________

____

这个故事给我同桌的成长启示是________________________________

____

4. 合作的回忆

相信我们的身边有一些同学已经尝到了包容与合作带来的美好回忆。记录下你们共同合作的故事，与我们一起分享。

我与______同学，一起合作做了______（某事），他 / 她包容了我的______________

____

____

活动二　最佳组合促成长

1. 组合故事

德国化学家本生和物理学家基尔霍夫是好朋友，他们合作发明了光谱分析仪。本生提供的化学设想，基尔霍夫设计的物理仪器，造就了这个伟大的发明——光谱分析仪。

读完这个故事，请你结合自身情况，写一写自己在班集体中，________（可以不止一人）和我是最佳组合。

小组分享：我们这对 / 这组最佳组合完成了：________

________，

________（可以不止一人）负责

________，

我负责________

____

2. 阅读时光

在阅读的书籍中，你发现有哪些组合实现了 1+1>2 的作用？他们取得了哪些成就？

参考书目：

《蚂蚁的故事》威尔逊

《我们大于我》容易

请摘录你喜欢的句子：

____

____

谈谈你的感想：

____

____

3．小组讨论

请就以下内容举例说明：为什么这些是合作的必备品质？

最佳组合的品质：

- ✔ 能够互相支持
- ✔ 能够分担责任，分享成果
- ✔ 能够随时补位并提供协助
- ✔ 能够互相欣赏长处
- ✔ 能够坚持遵守承诺

除了以上几条，请再列举一些最佳组合还需要什么样的品质。

活动三　说说我们的成长与收获

1. 动物世界

（1）请先阅读以下材料

在广阔的草原上，大雪过后，大地一片白茫茫，许多动物都早已经进入了冬眠。可是，狼却必须寻找食物。狼群很少贮存食物，而在这样的环境中寻找食物是非常困难的。狼群必须保存它们的体力，因为往往奔波忙碌数天后，却还是一无所获。如果它们不尽量地保存自己的体力，那么连续的劳累再加上饥饿和严寒的折磨，它们就很可能丢掉性命。聪明的狼群在这时会采取单列行进的办法，一头接一头，这样它们能保证狼群消耗最少的体力。跑在最前面的狼体力消耗最大，它必须在厚厚的雪地上，踩出第一行脚印，这样后面的狼就能节省许多的体力。领头的狼跑不了多久就会疲惫，这时它就会自动退到队伍的最后面，休息一下，养精蓄锐，以便能够保存体力，继续战斗。

（2）研究问题

狼群为什么这样做?

羚羊是草原上跑得最快的动物之一，但它们却常常成为狼群捕食的对象，而速度比它们慢的马群却很少被狼当作捕食的目标。狼为什么能够捕获到跑得快的羚羊，而很少捕获到跑得慢的马群呢?

以小组为单位，从网站上寻找相关资料，整理并总结。

我们________（名称）小组，从________（查阅资料），研究得出____（得出的结论）。

2. 新闻追击

随着排球落地，中国女排的姑娘们抱成一团，欢呼雀跃，里约热内卢的小马拉卡纳体育馆变成了欢乐的海洋。中国女排在时隔 12 年之后，再次夺得奥运会金牌。年轻的女排姑娘们在郎平的带领下拼出了中国女排又一个辉煌。

中国女排的成功说明了：

____

____

____

____

____

3. 想一想

我有些什么特长，可以在合作中发挥作用呢？我的思考是：

____

____

____

____

____

____

活动评价表

评　价　标　准		自评	互评	师评
信息采集	浏览网上或书本资料，认真完成阅读任务。			
	活动准备有条不紊，能带齐活动所需物品。			
	收集有关资料，及时整理、归类、存放。			
发现探索	善于思考，能发现并解决活动中遇到的问题。			
	活动中有自己的创意，并与同学分享。			
	能积极主动帮助别人解决问题。			
合作态度	认真听从老师的安排。			
	积极与他人团结协作。			
完成作业	按时完成各类作业，且质量较高。			
	能积极参加活动评比，态度认真，获得好评。			

注：评价可以分为 A、B、C、D 四个等级。A 代表非常好，B 代表很好，C 代表较好，D 代表一般。互评要三位同学参评。

__________同学在这次单元活动中认为自己可以得到（　　）个 A，同学认为他可以得到（　　）个 A，老师认为他可以获得（　　）个 A。

互评同学签名：__________、__________、__________

师评教师签名：__________

活动建议书

项目	具　　体　　建　　议
活动内容改进意见	
活动方法改进意见	
其他意见	

注：活动建议书由参与课程活动的同学本人填写。

主题八　爱生活

八年级

第一单元　走进生活世界

生活中的每个角落都藏着学问，只要你有一双会发现的眼睛，你就会发现生活中的学问无处不在，只要你肯去探索，你就会发现原来生活是这样奇妙。

早在20世纪70年代，从事植物分类研究的德国波恩大学植物研究所所长威廉·巴特洛特研究荷叶时发现一个有趣的现象：在荷花叶面上倒几滴胶水，胶水不会粘连在叶面上，而是滚落下去并且不留痕迹。表面覆盖着一层极薄蜡晶体的叶子干干净净，这正是防水叶面的特点。这一现象引起巴特洛特的好奇心，他做出这样的假设：在防水性和抗污性之间存在着因果关系。经过努力，他发明了一项新技术，生产出表面完全防水并且具备自洁功能的材料。这是一项用途广泛的新技术，它使人们不再为建筑物顶部和表面的清洁问题发愁，也不必再为汽车、飞机和各种运输工具的清洁问题大伤脑筋。

生活处处皆学问，所以我们要在生活中学习，在生活中发现，在生活中探究，多探究才会有收获。只有走进丰富多彩的生活，才能探究生活中的真善美。同时，我们要用科学的态度对待生活，科学能使生活更美好。

活动一　走进丰富多彩的生活

1. 认识生活

（1）填空

我们的生活是丰富多彩的，请将下面列举的生活种类前面的字母填入图片下面括号内。

A. 餐饮　　B. 全家福　　C. 工作　　D. 交友　　E. 学习　　F. 旅行

（　　　）

（　　　）

（　　　）

（　　　）

（　　　）

（　　　）

（2）假如你喜欢摄影，你会选择上面哪几种生活作为对象？

我选择的对象：____________________

理由如下：____________________

2. 走进生活

【要求】

就喜欢的一种生活，请描述这种生活的一种情景。

【示例】

我喜欢旅游，我去过北京、上海、杭州、长江三峡、凤凰古城等地。我最喜欢的是海南三亚，那里的风景可美啦！（提示：这一段写旅游地名）

去年四月份我们一家来到海南三亚，我们住的酒店对面就是一望无际的大海。我最喜欢晚上的大海，在圆圆的月亮、闪闪的星星照耀下，大海变得更加迷人。我还喜欢海边的沙滩。白天，在和煦的阳光照耀下，金黄色的沙滩坐上去软软的、暖暖的，特别舒服。沙滩上有很多贝壳，五颜六色，各式各样，奇形怪状，真有趣！海滩边还有一排排的椰子树，随着海风摇摇摆摆，很美很美，有好多哥哥姐姐们都在那儿写生。（提示：这一段写时间、地点、特点）

三亚的风景名胜有很多，如天涯海角、三亚湾、大东海、龙虎园，等等。我喜欢海南，我更喜欢蔚蓝色的大海，美丽的三亚之行给我留下了美好而又深刻的印象！（提示：这一段写总体感受）

【模仿以上示例写作】

我选择的生活是________，我的描述如下：

插　图

3. 互动环节

（1）同桌交流

我的同桌喜欢____________________

对于同桌喜欢的生活，我的看法如下：

____

____

____

（2）班级分享

由班长主持，班级分为四个小组，各组委派一人在班级交流。

题目：我喜欢的生活

示例：我喜欢的生活是摄影

第一组是：__________第二组是：__________

第三组是：__________第四组是：__________

我们赞同__________关于__________的生活。

【理由】

____

____

____

（3）教师评价

以上四组的表述，老师的看法是__________

【理由】

____

____

____

____

活动二 探究生活中的真善美

1. 探究生活中的“真”

【动手做】

【示例】漂浮的针

思考：针为什么会浮在水面上？

材料：一碗水、针、叉子、液体清洁剂。

操作：① 在杯子里倒一杯清水。

② 用叉子小心地把一根针放到水的表面。

③ 慢慢地移出叉子，针将会浮在水面上。

④ 向水里滴一滴清洁剂，针就沉下去了。

针为什么沉不下去？查资料或向老师请教：

【小组交流】

（1）“真”的含义？

查资料（查字典、上网等）：__________

（2）讨论

我们日常可以做哪些方面的科学探究，各用哪些材料？

科学探究的方面	科学探究的材料
水的特性	水、容器等，还有：
空气的特性	气球、塑料袋等，还有：
光的特性	透镜、棱镜等，还有：
物体运动及力	小车、球等，还有：
磁力	磁铁、铁珠 / 铁砂、非铁制的其他材料……
……	……

2. 探究生活中的“善”

【善的践行】

【示例】

某一天我乘车来到儿童乐园的广场上，一下车就听见了优美的歌声：“只要人人都献出一点爱，世界将会变成美好的人间……”这时候我发现有一群孩子也随着他们的“爸爸妈妈”在等待进园参观。我仔细观察这群孩子和他们的爸爸妈妈，似乎不像是普通的一家人。我起了疑心，便向旁人打听，旁边的叔叔告诉我说：“这些是孤儿院的孩子，今天由市政府征集义务家长来陪他们过中秋节！”

【小组交流】

（1）“善”的含义？

查资料（查字典、上网等）：______________________________

____

（2）我的一次“善”的践行

提示：交代时间、地点、做了什么事情、经过、结果等。

____

____

（3）同学的评价

提示：从做这件事的动机、意义等方面进行评价。

____

____

3. 探究生活中的“美”

【出门行】如何探究生活中的“美”

【示例】

生活中处处存在着美。井然有序，窗明几净，这是一种整洁的美；落落大方，清新自然，这是一种自信的美；平和洒脱，超然物外，这是一种闲适的美；粗犷豪放，不拘小节，这是一种大气的美。“清水出芙蓉，天然去雕饰”，是一种浑然天成的美，美得清秀而丰盈。美的感觉存在于心中，很多时候无法用文字表述出来，很多美好的思绪在脑海中一闪即过，无法捕捉。美不是空谈，而是要去体验、去感受、去欣赏。

（1）“美”的含义？

查资料（查字典、上网等）：________________________

____

（2）我的一次“出门行”感受到的美

____

____

____

（3）同学的评价

____

____

活动三 科学改变着生活

1. 社会实践考察

走进上海科技馆、上海玻璃博物馆、上海汽车博物馆、上海公安博物馆、上海禁毒馆等专门类馆。

（1）如何寻找城市中的专门类馆？我们可以在百度（http://baidu.com）上搜寻，也可以在上海市科普教育基地网站（http://kpgl.stcsm.gov.cn）上查询了解。

（2）思考：这些专门类馆展示的内容如何改变着我们的生活？

【示例】

期待已久的去上海科技馆参加社会实践活动终于开展了，这一次的社会实践活动让我有新的惊奇、新的发现、新的感受。我印象最深的是生态灾变剧场，山明水秀、绿树成荫的家园真是一幅美丽的图画呀！突然，天昏地暗、雷声轰鸣，刹时间美好的家园只剩下一片荒凉。看到这里，我不由感到一阵悲哀：人类的所作所为在不知不觉中破坏了自然形态的平衡。我暗暗想，我们绝不能让地球变成这个样子，我回去以后要出一次班级的黑板报，宣传保护生态平衡的重要性，让这可怕的自然灾害再也不要出现在我们的眼前。

2. 探究生活中的学问的方法

【探究流程】

①提出问题——②建立猜测和假设——③制订计划——④获取事实与证据——⑤检验和评价——⑥合作与交流

【探究案例】

（1）制订探究计划表

探究计划	
探究的问题	
探究的方式、步骤	
探究的成果	

（2）交流成果

小组交流探究成果，推荐小组代表参加班级交流。

我们小组推荐参加班级交流的代表是：________________

（3）探究成果汇报

通过小组探究，同学们都获得了哪些探究成果？我们一起召开一个“科学发现”故事会吧！

① 每个小组的代表分别向班级同学讲述“科学发现”故事，展示自己的探究成果。（提示学生根据“探究计划表”逐步进行介绍）

第一小组代表：______

第二小组代表：______

第三小组代表：______

第四小组代表：______

② 同学相互评价探究成果，推荐班级最佳探究成果。

最佳探究成果是：______小组。

③ 老师总结概括：______

______

______

探究学问并不是很神秘的事情，只要我们能用科学的态度，不怕失败，多与他人协作，长期认真探索，就会获得科学探索的成功，将来我们也可以成为一名出色的科学家。

【连连看】

这些发明你都知道吗？把发明家与他所发明的物品连一连。

电灯泡

浑天仪

火车

电话

史蒂芬森

贝尔

张衡

爱迪生

活动评价表

评　价　标　准		自评	互评	师评
信息采集	浏览网上或书本资料，认真完成阅读任务。			
	活动准备有条不紊，能带齐活动所需物品。			
	收集有关资料，及时整理、归类、存放。			
发现探索	善于思考，能发现并解决活动中遇到的问题。			
	活动中有自己的创意，并与同学分享。			
	能积极主动帮助别人解决问题。			
合作态度	认真听从老师的安排。			
	积极与他人团结协作。			
完成作业	按时完成各类作业，且质量较高。			
	能积极参加活动评比，态度认真，获得好评。			

注：评价可以分为 A、B、C、D 四个等级。A 代表非常好，B 代表很好，C 代表较好，D 代表一般。互评要三位同学参评。

__________同学在这次单元活动中认为自己可以得到（　　）个 A，同学认为他可以得到（　　）个 A，老师认为他可以获得（　　）个 A。

互评同学签名：__________、__________、__________

师评教师签名：__________

活动建议书

项目	具　体　建　议
活动内容改进意见	
活动方法改进意见	
其他意见	

注：活动建议书由参与课程活动的同学本人填写。

主题八　爱生活

八年级

第二单元　乐享健康生活

健康是人的自我责任，已日益成为社会发展和进步的标志。

健康是生活质量的基础，是人类自我觉醒的重要方面。

健康是生命存在的最佳状态，健康是每个人希望拥有的最大最重要的财富。

健康的生活方式是指有益于健康的习惯化的行为方式，表现为生活有规律，没有不良嗜好，讲究个人卫生、环境卫生、饮食卫生，讲科学、不迷信，平时注意保健，生病及时就医，积极参加有益健康的文体活动和社会活动等。健康生活方式主要包括合理膳食、适量运动、戒烟限酒、心理平衡等四个方面。

建议大家每天给自己留 5 分钟发呆时间；每天运动一小时、掌握一项运动技巧和加入一个运动社群；每天摄入 12 种以上食物，每周摄入 25 种以上食物，做到膳食多样化。希望同学们关注身、心两方面的健康，努力做好情绪管理并采取健康的生活方式，实现身心健康，享受幸福生活。

活动一　健康的生活习惯

1. 想一想

美国心理学巨匠威廉·詹姆斯有一段对习惯的经典注释：“种下一个行动，收获一种行为；种下一种行为，收获一种习惯；种下一种习惯，收获一种性格；种下一种性格，收获一种命运。”养成良好的生活习惯可以让我们终生受益。

锻炼

睡眠

饮食

小组讨论（3～4人）：在日常生活中，我们需要具备哪些良好的生活习惯呢？（例如：早睡早起身体好）

（1）______________________________

（2）______________________________

（3）______________________________

2. 找一找

小组合作（3～4人）：让我们来找一找自己有哪些不良的生活习惯有待改进。在找问题的同时，也请你和身边的小伙伴一起找一找解决问题的方法，互相给个建议吧！

我们的组长是________

小组成员是________、________、________

（1）我生活中最大的坏习惯是________________________________

同学给我的建议是________________________________

（2）________同学的坏习惯是________________________________

我的建议是________________________________

3. 议一议

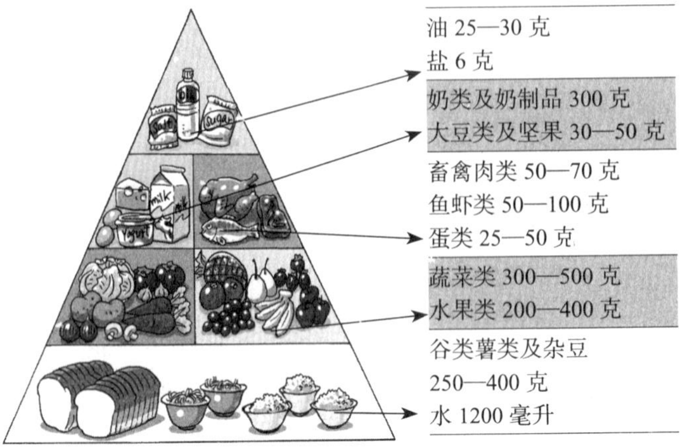

许多同学都抱怨学校的午餐不够美味可口，因此就浪费了大量的食物。有的同学甚至放弃吃午餐，而用各种各样的零食来替代，忽略了我们自身对营养摄入的需求。这种方法当然不可取。让我们根据右面的食物金三角图示和每天合理的营养配比图表，对比一下我校的一周食堂菜单，再与你的小组成员一起思考一下可以如何改进我们学校的午餐。一定要注意“健康第一，口味第二”的原则，改掉我们浪费食物的坏习惯哦！

万里城实验学校一周午餐菜单		我们的建议
星期一		
星期二		
星期三		
星期四		
星期五		

现在，请各小组之间分享一下大家讨论的结果，并评议一下其他小组给出的建议。

（1）交换小组对我们组的建议评价是（　　）

A. 很好　　B. 一般　　C. 需改进

具体说明：______

______

（2）老师对我们组的建议评价是（　　）

A. 很好　　B. 一般　　C. 需改进

具体说明：______

______

4. 做一做

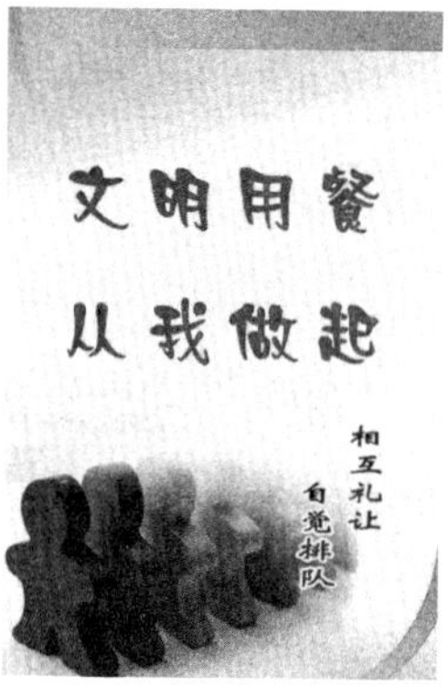

作为中学生，我们要遵守一定的文明规范礼仪。而我们同学在校的文明用餐礼仪还做得不够到位，现在请同学们先找一找自己身上以及周围同学身上存在的不文明用餐的问题，大家共同来找找对策。

我和同桌认为自身和周围同学身上存在的不文明用餐的问题有：

______

______

______

______

针对上述问题，我和同桌通过讨论，想出以下解决方案并建议纳入班规：

______

______

______

______

活动二 有益的兴趣爱好

1. 头脑风暴

拥有健康有益的兴趣爱好能使你保持活力，精力充沛；能激发创新思维，让你面对的问题迎刃而解；能避免殚精竭虑，促进个人成长。

请记住：千万别对自己说“不”。去参加一些让自己成长、给自己充电的活动吧。多为自己花点时间，你不仅学习更有效率，生活中的其他方面也能做得更好呢！

爱好的作用就是这么神奇！

人们的兴趣爱好有许多种，你知道哪些是我们青少年的兴趣爱好吗？其中哪些又是对我们身心发展最有益处呢？来一场头脑风暴吧！

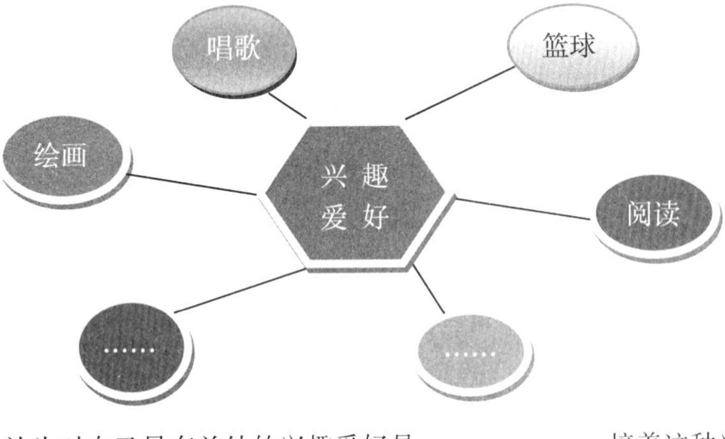

（1）我认为对自己最有益处的兴趣爱好是__________，培养这种兴趣爱好的益处是______________________________

（2）我同桌认为最有益处的兴趣爱好是__________，培养这种兴趣爱好的益处是______________________________

2. 新手上路

我们每个人都应该有自己的兴趣爱好。想一想，我认为对自己最有益处的兴趣爱好是什么，为了培养自己的这种兴趣爱好，我是怎么做的。写一段简单的话进行描述，然后跟自己的小组成员一起分享交流吧！

我的兴趣爱好

名　　称：
活动场所：
活动时间：
活动准备：
所需费用：
活动结果：

通过交流，你有没有发现自己的小伙伴也有许多有益身心的兴趣爱好？你也来学一学吧！在同学的展示中，挑选一个你最感兴趣的进行尝试吧！

名　　称：
活动场所：
活动时间：
活动准备：
所需费用：
活动结果：

3. 晒一晒

生活是美好的，让我们把自己美好生活的点滴记录下来吧！请在下列框中各粘贴一张展现自己的兴趣爱好的照片、绘画或其他作品，并配以简单的文字说明。

我已有的兴趣爱好	我新养成的兴趣爱好

活动三 从兴趣走向成功

当你因为兴趣而做一件事情的时候，成功的目标离你就不远了。兴趣是成功的主要条件之一，有很多名人的成功就是因为兴趣的驱使。一起来看看关于名人与兴趣的故事，看看文中的名人为了兴趣而付出的努力吧！

1. 读一读

没有哪个人能够随随便便就获得成功，从个人的兴趣爱好出发走向成功的人也是有迹可循的，让我们一起来找寻名人成功的轨迹吧！

施瓦辛格

四十多年前，一个十多岁的穷小子，自小生长在贫民窟里，身体非常瘦弱，却在日记里立志长大后要做美国总统。但如何能实现这样宏伟的抱负呢？年纪轻轻的他，经过几天几夜的思索，拟定了这样一系列的连锁目标。

做美国总统首先要做美国州长→要竞选州长必须得到雄厚的财力后盾的支持→要获得财团的支持就一定得融入财团→要融入财团就最好娶一位豪门千金→要娶一位豪门千金必须成为名人→成为名人的快速方法就是做电影明星→做电影明星前得练好身体练出阳刚之气。

按照这样的思路，他开始步步为营。某日，当他看到著名的体操运动主席库尔后，他相信健美是强身健体的好点子，因而萌生了健美的兴趣。他开始刻苦而持之以恒地健美，他渴望成为世界上最结实的壮汉。三年后，借着发达的肌肉，一身雕塑似的体魄，他开始成为健美先生。

在以后的几年中，他囊括了欧洲、世界的健美先生称号。在22岁时，他踏入了美国好莱坞。在好莱坞，他花了十年，利用在体育方面的成就，而一心去表现坚强不屈、百折不挠的硬汉形象。终于，他在演艺界，声名鹊起。当他的电影事业如日中天时，女友的家庭在他们相恋九年后，也终于接纳了这位“黑脸庄稼人”。他的女友就是赫赫有名的肯尼迪总统的侄女。

婚姻生活恩爱地过去了十几个春秋。他与太太生育了四个孩子，建立了一个“五好”的典型家庭。2003 年，年逾五十七岁的他，告老退出了影坛，转为从政，成功地竞选成为美国加州州长。

他就是阿诺德·施瓦辛格。他的经历让人记住了这样一句话：思想有多远，我们就能走多远。

我对他成功的看法：____

____

____

同桌对他成功的看法：______________________________________

____

____

2. 搜一搜

根据你的兴趣爱好搜索两位从兴趣走向成功的名人，简单描述他们成功的历程，找找他们成功的秘诀。

将搜索结果填写在表格内

成功人士	A.________	B.________
他/她的兴趣爱好		
成功过程中遇到的困难和挫折		
成功过程中有哪些可贵的意志品质		
我从他们身上能学到什么		

3. 我的行动蓝图

只要用心，你也可以从自己的兴趣爱好入手，寻找到自己生活和奋斗的目标，逐渐走向成功。现在就动手规划一下自己的成功蓝图吧！

我的兴趣是________________

我的目标是________________

________ → ________ → ________

________ → ________ → ________

________ → ________ → ________

________同学对我行动蓝图的建议：________________

________老师对我行动蓝图的建议：________________

活动评价表

评　价　标　准		自评	互评	师评
信息采集	浏览网上或书本资料，认真完成阅读任务。			
	活动准备有条不紊，能带齐活动所需物品。			
	收集有关资料，及时整理、归类、存放。			
发现探索	善于思考，能发现并解决活动中遇到的问题。			
	活动中有自己的创意，并与同学分享。			
	能积极主动帮助别人解决问题。			
合作态度	认真听从老师的安排。			
	积极与他人团结协作。			
完成作业	按时完成各类作业，且质量较高。			
	能积极参加活动评比，态度认真，获得好评。			

注：评价可以分为 A、B、C、D 四个等级。A 代表非常好，B 代表很好，C 代表较好，D 代表一般。互评要三位同学参评。

__________同学在这次单元活动中认为自己可以得到（　　）个 A，同学认为他可以得到（　　）个 A，老师认为他可以获得（　　）个 A。

互评同学签名：__________、__________、__________

师评教师签名：__________

活动建议书

项目	具　体　建　议
活动内容改进意见	
活动方法改进意见	
其他意见	

注：活动建议书由参与课程活动的同学本人填写。

主题八 爱生活

八年级

第三单元 乐观自主地生活

生活，就应当努力使之美好起来。——托尔斯泰

乐观是一种向阳的人生态度。

而自主指自己做主，不受别人支配。心理学中自主就是遇事有主见，能对自己的行为负责。自立的一个重要表现是独立的生活。要独立生活，就要做到自己的事情自己负责。自己的事情自己负责的前提是要自主，自主不仅是一种权利，更是一种能力。一个没有主见的人，很难在生活中自立。

乐观的人处处可见“青草池边处处花”“百鸟枝头唱春山”；悲观的人时时感到“黄梅时节家家雨”“风过芭蕉雨滴残”。一个心态正常的人可在茫茫的夜空中读出星光灿烂，增强自己对生活的自信；一个心态不正常的人让黑暗埋葬了自己且越葬越深。因此，无论何时何地身处何境地，都要用乐观的态度微笑着对待生活，微笑是击败悲观的有力武器。微笑着，生命才能将不利于自己的局面一点点打开。

同学们，如能时常保持清明开朗，乐观进取，并且充满一种确实而永恒的宁静，则展现于周边的环境，都是美好而善良的！

活动一 乐观生活

1. 游戏：命运之牌

（1）主持人导语：由于受到出生环境等各种因素的限制，每个人的命运是不同的。有的同学可能对自己的家庭环境不满意，有的同学可能对自己的长相不满意，也有的同学可能对目前的自己不满意……假定每个人能够获得第二次生命，每个人的命运可以重新选择。我手中有很多纸牌，每张牌就是命运的一种重新安排，它所包含的资料就是你新的生活资料，从现在起，你就是牌上的这个人。设想一下你处在这种情况下的命运，看看自己目前的处境、位置，与假设的第二次人生选择的处境相比，有什么不同。

（2）主持人把纸牌放在一个盒子里，让同学们随机抽取一张，不得更换。

（3）以四人小组交流全新的“自己”，并询问是否满意牌上的“自己”。思考：我应该怎样面对生活？

【活动感想】

我们组除了我之外，参加讨论的还有＿＿＿＿＿同学、＿＿＿＿＿同学和＿＿＿＿＿同学。

我比较赞成＿＿＿＿＿同学的观点，他认为＿＿＿＿＿＿＿＿＿＿＿＿＿＿＿＿＿＿＿＿

＿＿＿＿＿＿＿＿＿＿＿＿＿＿＿＿＿＿＿＿＿＿＿＿＿＿＿＿＿＿＿＿＿＿＿＿＿＿

老师认为：把命运掌握在自己手中，艰难前行的人生途中，就会充满希望和成功！亲爱的同学，你的感受呢？

我的感受是＿＿＿＿＿＿＿＿＿＿＿＿＿＿＿＿＿＿＿＿＿＿＿＿＿＿＿＿＿＿＿＿

＿＿＿＿＿＿＿＿＿＿＿＿＿＿＿＿＿＿＿＿＿＿＿＿＿＿＿＿＿＿＿＿＿＿＿＿＿＿

＿＿＿＿＿＿＿＿＿＿＿＿＿＿＿＿＿＿＿＿＿＿＿＿＿＿＿＿＿＿＿＿＿＿＿＿＿＿

附：纸牌的内容

（1）自己不幸患了癌症，家里没有钱治疗。

（2）因家中意外发生火灾，脸部被大火烧伤，留下了一个很难看的伤疤。

（3）家中父母离异，经济困难，读书条件很差。

（4）出生在一个贫困山区里，父母无力供养自己读书。

（5）自己的父母不幸患有重病，治疗花费了很多钱，家庭经济紧张。

（6）父母下岗，家庭经济困难，不能支付目前的学习费用。

（7）与周围的同学人际关系很紧张，很不受大家的欢迎。

（8）自己患有小儿麻痹症，生活很不方便。

（9）自己小时候因中耳炎导致变聋。

（10）自己一家三口挤在一个10多平方米的老房子里，食宿条件比较艰苦。

（11）自己的一只眼睛因意外事故而失明。

（12）自己的一条腿因在一次车祸中受伤严重被截肢。

（13）自己在一个条件很差的初级中学里读书。

（14）自己相貌普通，在班级里不引人注意，学习等各方面都一般。

（15）学习成绩优秀，但人缘很差，不受老师和同学欢迎。

（16）自己的妈妈对自己太唠叨，对自己管得太多，让自己不舒服。

（17）以前家里很富有，现在却因意外事故而陷入经济拮据状态。

（18）出身在一个普通的工人家庭。

（19）自己目前的学习成绩很差，经常被一些同学看不起。

（20）自己患有口吃，常被同学模仿而引起大家的嘲笑。

（21）因自己太胖，大家经常以此开涮，并且给自己起不太好听的绰号。

（22）自己身高低于同龄人平均身高20厘米。

（23）自己学习成绩在班级最后，努力用功后效果仍然不明显。

（24）自己除了学习外，其他业余爱好基本没有。

（25）自己是个塌鼻子，影响了容貌。

（26）自己患有先天性心脏病，很容易疲劳。

（27）自己在初一结束时取得全市物理竞赛一等奖。

（28）自己被评为十佳“校园明星”。

（29）自己出身在一个贫困山区的农民家庭里。

（30）自己的家人去东南亚旅游时因海啸而不幸遇难。

（31）走路时因不小心而被车撞，头部严重受伤。

（32）自己的父母对自己要求很严，很专制，很不自由。

（33）家庭经济条件好，但父母对自己缺乏关爱，不喜欢自己。

（34）经常受到别人的欺负，心情很忧郁。

【游戏注意事项】

（1）若有同学对自己抽取的纸牌不满意要求更换，主持人可准备更差的纸牌，让图片显示比原牌更糟糕的生活，询问是否愿意更换。在游戏过程中，有的同学可能不太严肃认真，主持人要及时给予提醒。

（2）对于纸牌的内容，这里只给出了一些参考。主持人在使用时可根据学生的实际情况自己设计一些内容。之所以设计的内容大都是不尽如人意的，主要是想让学生意识到，虽然我们每个人都无法选择我们的出身、我们的家庭，或许我们对目前的环境不一定很满意，但无论如何，我们都应该珍惜自己的境遇。

（3）由于这个游戏的内容有可能真的涉及学生的伤心处，如家庭离异的学生、身体外貌略有欠缺的学生，所以主持人在游戏之前应该先跟一些同学座谈沟通，取得学生的同意。游戏之前，主持人要为游戏可能会给学生带来的负面效应表示歉意。

【活动点评参考】

做这个游戏的时候，有一小部分同学对自己新选择的处境表示满意，大多数的同学对自己的新选择都不满意甚至不接纳。他们觉得自己目前的处境要比新选择的好得多。实际上，现实生活中有很多条件很糟糕的生活。无论对自己目前的命运处境多么不满意，你都不是最糟糕的。抱怨不解决问题，因为不论是苦是甜，是喜是忧，是成功还是失败，都是我们真实的自身。最好的做法就是接纳目前的命运，珍惜自己拥有的生活，活在当下，用今天的努力去开创自己的明天。

2. 找一找，做一做

要求：通过各种媒介（书刊、电视、网络等）寻找一个积极乐观生活的典型事例，介绍给大家。用电脑软件照例制作，也可以手绘制作。全班同学形成一套名片，展示在中队宣传栏内供大家相互浏览、了解、学习，并粘贴在本页的下方。

范例

张海迪，1955 年 9 月 16 日在济南出生。小时候因患血管瘤导致高位截瘫。从那时起，张海迪开始了她独特的人生。15 岁时，张海迪跟随父母，下放（山东）莘县，给孩子当起了老师。她还自学针灸医术，为乡亲们无偿治疗。后来，张海迪还当过无线电修理工。她虽然没有机会走进校园，却发奋学习，学完了小学、中学的全部课程，自学了大学英语、日语、德语以及世界语，并攻读了大学和硕士研究生的课程。1983 年张海迪开始从事文学创作，先后翻译了数十万字的英语小说。

粘贴处

相信生活中的你也一定是乐观积极的，记录并分享你的一次乐观生活经历吧！

活动二 自主生活

1. 准备

学农社会实践活动是我区教育局为同学们的健康成长而精心设计的课程，是初中阶段学习生活中不可缺少的重要一环，是学校德育教育的有机组成部分，是学校课堂的延伸。

即将踏上三天学农征程的你，这几天必须好好准备一下了！

你是否已准备齐全以下所列物品，准备齐全请在方框内打钩。

（1）劳动手套、遮阳帽、拖鞋 □
（2）校服、运动鞋 □
（3）餐具、水杯、洗洁精 □
（4）洗漱用品与护肤用品 □
（5）学习用品 □
（6）换洗衣物 □
（7）常用药品 □
（8）其他________ □

2. 生活技能大比拼

学农期间，以寝室为单位开展一次生活技能大比拼。竞赛具体内容可由班级自行根据实际情况确定。（如：叠被子、包饺子、整理内务等）

我参加了生活技能大比拼之__________竞赛，具体成绩或名次是__________

准备的物品有____

实施过程的描述：

第一步：____

第二步：____

第三步：____

第四步：____

第五步：____

小组内掌握生活技能最扎实的是________同学。

组内竞赛中出现的问题有____

出现问题的原因是____

我的优势是 ____

我的不足是____

3. 学农故事分享

（1）学农回顾

本次学农，我们经历了________、________、________等多项活动，让我印象最深刻的一项活动是____，原因是____

（2）学农感悟

同学们，初二学年一段最特别的时光已经过去。没有了舒适的环境，你是否难以适应？没有了熟悉的小床，你是否无法入眠？这里的我们，都可以骄傲地说：不会！无论是熬过来的、挺过来的还是从容度过的，我们都拥有了这段珍贵的经历。实践基地，我们的青春曾经驻足的地方，我们的责任意识升华的地方。让我们把这里的友谊、汗水和感悟化为美丽的回忆，滋润灿烂的人生梦想，激励我们永远上进的心灵！相信本次活动一定给你带来不少思考和感悟，请把它记录下来，作为你自主生活的一次重要经历。

学农感悟（可粘贴）

活动三　成为生活的主人

1. 我的生活我做主

生活就如同唱歌，不管你是低音足够低，还是高音无人匹敌，能够真正表达出歌曲情感的音调才是适合的。人生难就难在如何协调好这个度。能伸能缩，可近可远，认真但不较真，我要学的，要悟的还有很多，首先要做的是学会主宰自己的生活，成为自己生活的主人。

仔细对照自己的日常生活，在学校生活和家庭生活中，我做得比较好的具体事项有：

（1）________________________________

（2）________________________________

（3）________________________________

2. 策划一次出游活动

旅行让你找到一个机会重新认识自己，发现不同的自己。旅行并非是为了世界而行。在行走的途上，会经历很多对自己的考验。

旅行前，仔细周密的策划能对正式旅行起到重要作用。请试着自主策划一次旅行，可尝试结合所列模板策划，也可以参照网站作策划。（可参考途牛旅行网、蚂蜂窝旅行网等旅游类网站）

旅行策划模板：

（1）旅行目的地：________________________________

（2）出行人数：________________________________

（3）预订酒店、门票等：________________________________

出行工具预定推荐网站：去哪儿、携程。

住宿酒店推荐网站如右图所示。

① 你使用的预定网站是________________

选择的理由是：________________________________

____

____

____

② 我预定了________________景点门票。

（4）我通过________了解到了当地________________（建筑、美食等）特色。

（5）出发前，我整理出行生活用品，包括________________________________

（6）在具体操作时，我遇到的问题有：________________________________

____

3. 优化出行计划

与出行的家人进行讨论，咨询家长建议，优化计划。

家长的建议：________________________

____

____

____

我的回应：________________________

____

____

____

旅行结束后，对照我之前制订的计划，我认为：本次计划制订做得比较成功的是________________________________

________________________，有待提高的方面有________________________________

____

活动评价表

评价标准		自评	互评	师评
信息采集	浏览网上或书本资料，认真完成阅读任务。			
	活动准备有条不紊，能带齐活动所需物品。			
	收集有关资料，及时整理、归类、存放。			
发现探索	善于思考，能发现并解决活动中遇到的问题。			
	活动中有自己的创意，并与同学分享。			
	能积极主动帮助别人解决问题。			
合作态度	认真听从老师的安排。			
	积极与他人团结协作。			
完成作业	按时完成各类作业，且质量较高。			
	能积极参加活动评比，态度认真，获得好评。			

注：评价可以分为 A、B、C、D 四个等级。A 代表非常好，B 代表很好，C 代表较好，D 代表一般。互评要三位同学参评。

__________同学在这次单元活动中认为自己可以得到（　　）个 A，同学认为他可以得到（　　）个 A，老师认为他可以获得（　　）个 A。

互评同学签名：__________、__________、__________

师评教师签名：__________

活动建议书

项目	具　　体　　建　　议
活动内容改进意见	
活动方法改进意见	
其他意见	

注：活动建议书由参与课程活动的同学本人填写。

主题九　爱祖国

九年级

第一单元　学榜样助成才

能否发现榜样并努力向之学习，对一个人健康向上的成长有着重要的影响。

有人说父母是伴随一生的榜样，他们是我们的第一位老师，教会我们很多必备能力和许多深远的道理；有人说教师是人生道路上最重要的引路人，他们用自己的思想道德作风为学生树立了学习的榜样，建立起真挚的师生关系，会使教师的榜样成为同学们终生前进的动力；又有人认为同龄人榜样是直接推动自己健康向上的力量源泉；还有一部分人认为英雄群体榜样才是一生力量的源泉。那么，谁是我们学习的最好榜样呢？是父母，是老师，是同龄人，还是英雄群体？

人生需要榜样，时代需要榜样。榜样就是灯塔，是人生旅途上的航标。当我们在人生的旅途上默默行走的时候，总有一些榜样与我们同行，使我们渡过一个又一个险滩，跨越一个又一个艰难。学习榜样，塑造自我，这是个体成长的共同规律。榜样无处不在，无时不有，但对于不善于发现和学习的人来说是无用的。

树立好榜样，学好榜样，追求真善美，致力提高自身的文化水平和道德修养，让我们踏着坚稳的步履，怀着无比的热情，投入到丰富多彩的世界中，为实现人生美好理想而奋斗、拼搏！

活动一　七嘴八舌话榜样

1. 辨认榜样

【老师心目中的榜样】——你知道他们是谁吗？

(　　　　　　)

中国共产党创始人之一，也是中国人民解放军和中华人民共和国的主要缔造者和领导人，1949 至 1976 年，担任中华人民共和国最高领导人。他以其雄才韬略及胆识魄力带领中华民族独立解放。他对马克思列宁主义的发展、军事理论的贡献以及对共产党的理论贡献被称为毛泽东思想。他被视为现代世界历史中最重要的人物之一，20 世纪最具影响力的 100 人之一。

(　　　　　　)

20 岁参军并加入中国共产党，是一名光荣的中国人民解放军战士。他全心全意为人民服务，无私奉献，工作中努力钻研，日常生活中勤俭节约，在平凡的岗位上做了很多不平凡的事，曾立二等功一次、三等功两次，年仅 22 岁因公殉职。他的事迹感动影响了一代代的人。毛泽东主席亲笔题词号召向他学习。国家把 3 月 5 日定为学习他的纪念日。

(　　　　　　)

上海市语文特级教师，一位与时俱进的教育家。一直扎根在基础教育的最前沿，从事中学语文教学研究工作，把做人、育人作为教师工作的制高点。坚持以人为本，教书育人，从学生实际出发，把思想教育渗透于教学中，形成独特的教学风格。用爱祖国、爱学生的激情时时燃烧着自己，并感染着周围的人，被誉为师德标兵。

2. 介绍榜样

名片参考样例

邓稼先

1924—1986，中国科学院院士，著名核物理学家，中国核武器研制工作的开拓者和奠基者，设计中国原子弹和氢弹。

正面　　反面

高 8.8 cm，宽 5.7 cm

【找一找，做一做】

要求：通过各种媒介（书刊、电视、网络等），寻找一个在某个领域内你最崇拜的人，作为自己的学习榜样，介绍给大家。用电脑图文制作软件或者用手绘形式照例制作一张榜样名片，展示在中队宣传栏内供大家相互浏览、了解、学习。

【介绍你的榜样】

向大家简要介绍你的榜样，姓名、主要事迹或成就、值得学习的地方等，并说说他（她）对你的影响。

公认传奇领袖级人物
榜样肖像照片
（贴图片或速写画）

行业精英级人物
榜样肖像照片
（贴图片或速写画）

身边的优秀人物
榜样肖像照片
（贴图片或速写画）

活动二 树榜样，学榜样

1. 慧眼辨识榜样

【确定学习榜样】

要求：小组内畅所欲言交流讨论，判断在小组同学自选的榜样中哪些可以称为真正的榜样，而哪些只能称为偶像。

我认同小组内________________同学选定的榜样________________________

◆ 小提示：如何正确判断？我们可以在词典中查阅或者到网络上搜索一下“榜样”及“偶像”的词条释义，帮助我们区分辨析。

“榜样”指____

“偶像”指____

至少选择确定一个你最想学习的榜样：________________________

【唱响我的榜样】

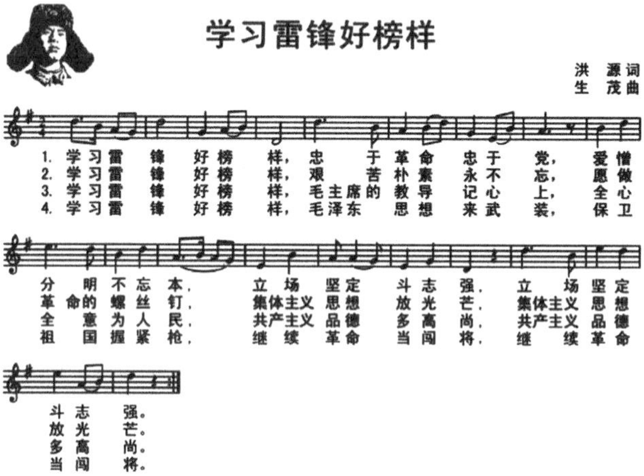

经典歌曲《学习雷锋好榜样》人人唱。向雷锋同志学习，并一直牢记且发扬雷锋精神。

试着用此旋律为自己选定的榜样改作一曲《学习××好榜样》

撰写歌词：________________

____

____

____

____

____

2. 学习榜样

有人说雷锋离我们已经太远，没法学。学习榜样的确不是件容易的事，如果没有正确思想作指导，即使去学，也只能是走走形式而已。

【情境辨析】

情境一：某医院开展学雷锋活动，全体医生上街义诊。一位老人来看病，找遍整个医院，却无一名医生，只好去问看门人。看门人说明原因后，老人深感不解："干嘛非到街头学雷锋呢？医院里边就不能学吗？"

对此情景，你有什么看法？____

____

____

____

____

情境二：一所小学给孩子们讲雷锋叔叔拾金不昧、雨中送大嫂的故事，并号召全体学生学习雷锋为人民服务，一周做一件好事。一位学生将爸爸的手表给了教师，说是在路上捡的，还有学生每天放学到车站转悠，为的是等着下雨送老人回家。

对此情景，你有什么看法？__________

____

____

____

____

【讨论】

这些荒诞的例子都是我们真实生活中发生的事情，它们形象地反映出不少人在学榜样问题上存在着错误认识和做法，背离了树立榜样的初衷。

小组同学一起讨论一下：学习榜样到底该学什么？怎么学？你认同谁的观点？请把讨论结果记录在下表中吧！

发言人	列举的榜样	学他（她）什么	怎么学	你是否赞同

◆ 小提示：只要你用心去观察、去学习、去了解、去发现，榜样就在人群中，你就会找到他们身上真正值得你学习的闪光点及精髓。

活动三　解读榜样成功的密码

1. 榜样成功秘诀

要学好榜样，首先要了解他成功的主要原因，这样，方便我们借鉴他们的方法，开辟一条通往成功的路径。

【成功有秘诀】

◆ 小提示：要想获得成功，需要具备哪些品质或能力呢？我们借助网络在百度经验中输入“成功人士具备的品质”等类似的关键词搜索一下，就可获知啦。不过，成功的获得有多种因素影响哦，并不局限于几种因素。

你查阅到的关键词有____

____

____

【解读成功关键词】

要求：仔细阅读了解下列名人榜样简介资料，概括出其成功关键词，并对照自身找差距。（在概括出的关键词中圈画出自身不足）

邓亚萍　从小就酷爱打乒乓球，她梦想着有朝一日能够在世界赛场上大显身手。却因为身材矮小，手腿粗短而被拒于国家队的大门之外。但她并没有气馁，而是把失败转化为动力，苦练球技，持之以恒的努力终于催开了梦想的花蕾——她如愿以偿站上了世界冠军的领奖台。在她的运动生涯中，她总共夺得了18枚世界冠军奖牌。邓亚萍的出色成就，不仅为她自己带来了巨大的荣耀，也改变了世界乒坛只在高个子中选拔运动员的传统观念。

成功关键词

不气馁

失败化为动力

苦练技能

持之以恒

努力

莫扎特 他很早就显露出了在音乐方面的非凡天赋和卓绝才能，被公认为音乐史上天资聪慧的神童。小时候，莫扎特常常走到钢琴前面，按着琴键细听，并努力弹出他曾经听到过的音乐。4 岁时就坐在桌旁写钢琴协奏曲。从莫扎特的童年中，你能看到一个孩子对待音乐的积极心态，对艺术事业的执着追求以及勤奋和用心。

成功关键词

袁隆平 废寝忘食、潜心钻研，以稻田为家园，视秧苗为亲人，白首不坠青云之志，浮华难动济世之心，为中国和世界粮食生产作出不可磨灭的贡献，被誉为“杂交水稻之父”。

成功关键词

李四光 为了改变中华人民共和国的贫油面貌，风餐露宿，披荆斩棘，足踏千山，脚涉万水，风尘苦旅三十载，相继发现大庆油田、胜利油田、华北油田等多处油田，并成功预见了今天正在开发的新疆大油田，成为我国杰出的地质学家。

成功关键词

沈阳 四川绵阳女生，立志考世界顶尖学府——牛津大学。老师、同学甚至父母都为她的这个想法震惊不已，劝她现实一点，可是她认准了目标，就绝不回头。她每天要学大量的知识，还规定自己每天要背 300 个英语单词，不背完，不睡觉。每天学习十几个小时，睡眠时间不足 4 小时，有时甚至更少。学习任务之繁重，远远超过了她的负荷，常常压得她喘不过气来，但她忍受了常人难以想象的苦，非常执着地追求自己的梦想。最终，她在 16 岁高二时以优异的成绩考上了牛津大学，把梦想变成了现实。

成功关键词

2. 学榜样争先进

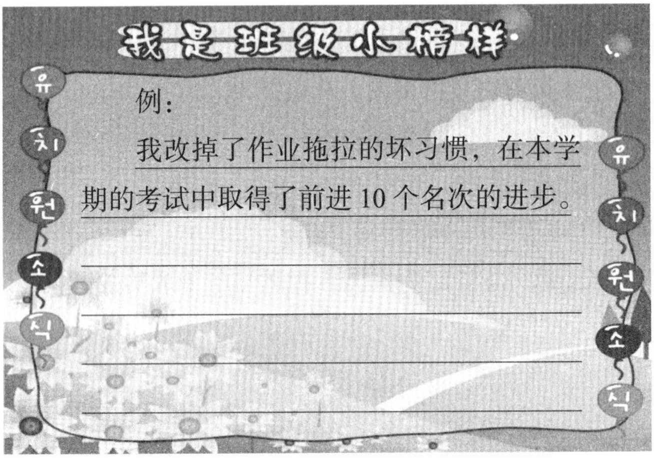

榜样的成功都是经过磨练才能得到的。很多成功的榜样都是一点一滴的小事积累而成大的影响。我们要坚定学习榜样的信念，从中吸取营养与力量，鞭策自己前进。要刻苦耐劳，持之以恒，甘于平淡，不以善小而不为，用实际行动学好榜样。

如果我们没有过硬的专业知识和技能，学习榜样也只能是一句空话。学习知识，练好内功，才是真正意义上学习榜样。希望看到你的努力呦！把你的收获与进步记录在这里吧！（请在上图中记录你取得的成功，在下图中记录你获得一项项成功的密码。）

活动四 近距离感知榜样

1. 走进上海院士风采馆

在上海，有一座全国首家以集中展示两院院士风采为主题的专门展馆，那就是上海院士风采馆。这里是对青少年进行爱国主义教育和科普教育的基地，也是院士进行学术交流、探索创新思维的场所。该展馆也是院士与市民接触、交流的平台，是弘扬爱国精神、传承科技薪火、展示“人才强国战略和创新型国家建设”的重要示范基地。在这里，青少年学生可以播下科学的理想种子，用勤奋学习浇灌追求卓越的嫩芽。

上海院士风采馆位于______________________________

◆ 小提示：在参观上海院士风采馆之前，我们可以先访问其网站，以对它有更多的了解。（网址是 http://www.sh-aiguo.gov.cn/）

通过网上的事先查询，我们知道上海院士风采馆有四大常规展区，分别是：

◆ 我感兴趣的方面是______________________________

◆ 我印象最深刻的一位院士是：______________________________

陈述理由：______________________________

2. 走进上海的名人故居或纪念馆

如何了解我们生活的城市里有哪些名人故居或纪念馆？我们可以到网络上搜寻或者是上海市科普教育基地网站（http://kpgl.stcsm.gov.cn）查询了解。快去与爸爸妈妈或者与小组同学一起实地参观了解一下吧，看看又有哪些人可以成为你心中的榜样。

活动评价表

评　价　标　准		自评	互评	师评
信息采集	浏览网上或书本资料，认真完成阅读任务。			
	活动准备有条不紊，能带齐活动所需物品。			
	收集有关资料，及时整理、归类、存放。			
发现探索	善于思考，能发现并解决活动中遇到的问题。			
	活动中有自己的创意，并与同学分享。			
	能积极主动帮助别人解决问题。			
合作态度	认真听从老师的安排。			
	积极与他人团结协作。			
完成作业	按时完成各类作业，且质量较高。			
	能积极参加活动评比，态度认真，获得好评。			

注：评价可以分为 A、B、C、D 四个等级。A 代表非常好，B 代表很好，C 代表较好，D 代表一般。互评要三位同学参评。

__________同学在这次单元活动中认为自己可以得到（　　）个 A，同学认为他可以得到（　　）个 A，老师认为他可以获得（　　）个 A。

互评同学签名：__________、__________、__________

师评教师签名：__________

活动建议书

项目	具　体　建　议
活动内容改进意见	
活动方法改进意见	
其他意见	

注： 活动建议书由参与课程活动的同学本人填写。

主题九　爱祖国

九年级

第二单元　人生须自强

自强指永远向上，永不懈怠，积极进取，依靠自己的努力奋发图强的一种精神。

自强是中华民族的传统美德之一。几千年来，中华民族正是以自强不息的精神，才创造了伟大的东方文明，屹立于世界民族之林。无数优秀炎黄子孙的人生轨迹中，都明显地印刻着“发愤图强”“矢志不渝”的崇高品格。我们的祖先历来告诫年轻一代“少壮不努力，老大徒伤悲”，中国人民历来唾斥养尊处优的“纨绔子弟”，鄙视生平无大志、碌碌无为的庸人。“自强不息”的民族精神应该在年轻一代身上发扬和延续。

初中阶段是青少年学习知识、涵养道德、增长才干、发现自己的最佳时期。我们应当趁此大好时光，培养自强的品质，努力学习，奋发进取。孟子说：“天将降大任于斯人也，必先苦其心志，劳其筋骨，饿其体肤，空乏其身，行拂乱其所为，所以动心忍性，增益其所不能……”

品德不是天生的，主要是靠后天的教育培养和内化习得的。培养自强的品德，要从小磨砺，持之以恒。这样当我们面临困难的时候，就能从容应对了。

活动一 什么是自强?

1. 认识自强

(1)说一说——你认识他们吗?

例:①(徐悲鸿) ②(   ) ③(   ) ④(   )

(2)查一查——搜索关于以上图片的人物和事迹。(搜索途径:图片搜索)

(3)写一写——用一句话概括他们的事迹。

例:

① 徐悲鸿在战乱年代留洋海外学画,受到外国人歧视,但终成世界有名画家。

② ______________________________

③ ______________________________

④ ______________________________

(4)小组互评(以小组为单位,互评组内其他成员概括的上述人物的事迹)。

得分:____

理由:

（5）找一找——他们身上的共同特质。

（坚持不懈）（　　　　）（　　　　）（　　　　）……

（6）找一找——他们身上的不同特质。

（　　　　）（　　　　）（　　　　）（　　　　）……

（7）想一想——自强的含义。

自强是指：____

2．我了解的自强

（1）想一想——你所了解的拥有“自强”品质的人是谁？

人名：__________　了解途径：__________（例：父母、网络……）

（2）写一写——“自强”的事迹。

（3）说一说——“自强”的事迹。

要求：小组交流组内成员所介绍的事迹中具有哪些“自强”的品质。

① 我所写的事迹组内成员的看法是____

② 我对组内另一位成员所写事迹的看法是________________________________

（4）概括“自强”品质包含哪几个方面。

要求：以活动（1）（2）（3）的学习为基础，概括“自强”品质包含的内容

自强
- 自尊自爱　不卑不亢 ⇒（自尊）
- ＿＿＿＿ ⇒（　　）
- ＿＿＿＿ ⇒（　　）
- ＿＿＿＿ ⇒（　　）

活动二 自强动力源

1. 自尊自爱 不卑不亢

（1）辨别

以下行为与自己相符的打“√”，不符的打“×”。

① 害怕在别人面前说话或做事…………………………………………………（ ）

② 上课、开会或聚会时，往往在后排不太显眼的位置……………………（ ）

③ 考试答题时犹豫不决，容易产生考试怯场………………………………（ ）

（2）想一想

要求：以小组为单位讨论图中人物的行为表现是否是自尊。

黄平植树是内行，看到有些同学手忙脚乱的样子，有心想去帮忙，却犹豫着没有去。他想，自己来自农村，本来就被一些同学看不起，主动去指导别人，万一受到奚落多难堪！

我认为：黄平________________________________

____

（3）讨论

自卑的危害

- 自卑是一个心理牢笼，陷入自卑就会在自己的弱点或缺陷面前失去自信，看不起自己，觉得自己比不上别人，行动畏缩，不敢去做自己有能力做的事，往往表现出情绪低落，郁郁寡欢。严重的自卑会导致迷失前进的方向，失去生活的动力，甚至自暴自弃。

以小组为单位讨论帮助黄平走出“自卑”困境的好办法。

好办法：________________________________

____

____

____

（4）小故事

佛烈·富勒·须德是费城《告示报》的编辑。有一次，他在大学毕业班讲演，忽然朝着大家问道：“有多少人锯过木头？请举手。”大多数学生都曾经锯过木头。

接着，他又问："有多少人曾经锯过木屑？"这回，全场愕然，也是全场哑然，没有一个举手。"当然，你们不可能去锯木屑，"须德先生说，"因为木屑是已经锯下来了的。过去了的事情也一样，当你为那些已经做过的事情忧虑重重时，你只不过是在锯木屑而已。"

要求：以小组为单位讨论，思考小故事给我们带来的启示。

（5）辨一辨

这是自尊吗？（二选一回答，括号内打"√"即可，并说明理由）

上学期李金选上了班长，这学期一开学他就落选了。同学们说他盛气凌人，缺乏服务精神，老是对人指手画脚。李金觉得大家嫉妒他的才能，心中愤愤不平。

是（　　）　　　　不是（　　）

理由：

（6）知识百科

自尊和自负

自尊：恰如其分地肯定自己。

自负：过度地自我肯定，具体表现为以下：

① 夸大自己的优点并被这种假象所迷惑。

② 拔高自己的同时贬低别人。

③ 希望得到超过自身实际的社会肯定，但是往往适得其反。

（7）讨论

请你帮助李金克服自负。（要求：以小组为单位讨论克服自负的方法）

2. 不畏艰难　自主自立

（1）以下行为与自己相符的打“√”，不符的打“×”。

① 当你独自在家，外面下起了大雨，你是否会主动想到关好门窗？（　）

② 你是否能经常帮助妈妈做一些家务？（　）

③ 假如你的家人生病了，你是否能主动帮他们盖好被子、倒杯水、拿点药？（　）

④ 你是否经常会找不到自己的东西？（　）

⑤ 当遇到麻烦时，你是否首先想到的是需要别人帮助？（　）

⑥ 你是否知道自己家的详细住址，包括门牌号？（　）

⑦ 你是否能独立地制订一个学习计划，并能顺利完成它？（　）

⑧ 你很少被别人的意见所左右吗？（　）

⑨ 在班会上你是否总能发表一些独到的见解？（　）

⑩ 你的生活起居一直是家人照料的吗？（　）

评分标准：≥9 分：自立能力强；6—8 分：自立能力一般；0—5 分：自立能力差

你的得分：________

（2）生活技能大展示。（要求：以小组为单位展示各类生活技能）

① 展示流程：　② 遇到的困难：　③ 解决困难的方法：

（3）自立的含义。（以小组为单位讨论总结自立的含义）

自立指：____

（4）收集有关自立的案例。（以小组为单位，收集古今中外、生活实例都可）

可从以下几个方面考虑：
① 对自身成长与发展　② 对家庭的责任　③ 对社会的责任

（5）故事：张园的理想。

张园同学特别喜欢树木和那些花花草草，想在这方面搞出些名堂来，而且他也感觉到自己在这方面很有天赋（其父亲就是园艺方面的工程师）。在“我的理想”主题班会上，他以“我要当一名园艺师”为题发表演讲，赢得同学们阵阵掌声。苦恼的是，在家中生病的父亲听说自己儿子的理想后坚决反对，几次找张园交谈，要其改变理想，张园怕父亲生气，病情加重，只好勉强答应父亲的要求，但心里总是不快。

思考：① 你认为张园这样做对吗？为什么？

② 如果张园坚持自己确立的理想，应该如何说服父母？

（6）情景分析：“你”会怎么做？

今天轮到第二小组值日，可是组里其他同学都有事走了，教室里只剩下小孙一人，这时，小孙的行动有四种可能：

A. 一个人留下来，把教室打扫干净才回家。

B. 向班长报告后，简单打扫一下就回家。

C. 当天不打扫，约同学第二天提早到校一起打扫。

D. 立即打电话喊值日生回校打扫。

思考：如果你是值日生小孙，你会做怎样的选择呢？说说你的理由。

（7）联系活动（5）（6）的内容，说说给你带来的启示。

活动三　自信自律

1. 勇于开拓　积极进取

（1）案例分析：你知道自信心的重要性吗？

美国的一个教育专家做了一个试验，将一个学习成绩较差班级的学生当作学习优秀班的学生来对待，而将一个优秀班当作问题班来教。一段时间下来，发现原来成绩距离相差很远的两班学生，在试验结束后的总结测验中平均成绩相差无几。原因就是差班的学生受到不明真相的老师对他们所持信心的鼓励（老师以为他所教的是一个优秀班），学习积极性大长，而原来的优秀班学生受到老师对他们怀疑态度的影响，自信心被挫伤，以致转变学习态度，影响学习成绩。

思考并讨论：阅读上述案例后，你认为自信对于一个人的重要性体现在哪些方面？

（2）小测试：你的自信有几分？

你想知道自己有几分自信吗？只要完成下面的小测验，即能知晓。选择“是”的请在题后写上A，“不是”的写上B。

① 我不在乎同学评论我的成绩。

② 谈自己缺点和不理想的成绩时，我没有困窘。

③ 当我考试成绩退步时，很少从主观上找原因。

④ 我喜欢与好友讨论少男少女成长的烦恼。

⑤ 我经常为做错事向同学道歉。

⑥ 繁多的琐事占去了我太多的学习时间。

⑦ 我常回忆过去的学习生活。

⑧ 我对生活中曾做过的每件事情都无怨无悔。

⑨ 我常与智力超过我的同学相比。

⑩ 当老师批评我学习不认真时，很难引起我的重视。

⑪ 到同学家做客，如果以我喜欢的饭菜招待我，我会放肆地吃。

⑫ 我从不向同学提要求。

⑬ 与同学逛街，我喜欢让他决定该去哪儿。

⑭ 如果我再刻苦一点，我在学习中会获得更多更大的成功。

⑮ 我发现自己很难对老师说“不”。

⑯ 上课紧张时，我喜欢闭眼，让自己稍稍放松一下。

⑰ 如果取消了与一个朋友的约会，我会感到愧疚。

⑱ 当同学批评我时，我会长时间都放不下这件事。

⑲ 在生活中与同学发生分歧时，我总坚持己见。

结果分析：

如果你选择 A 不超过 3 次：值得庆贺！你已学会自我平衡，你知道要先考虑自己的要求，明白自己像他人一样重要。

如果你选择 A 为 3—5 次之间：你有时积极乐观，但有时较悲观。这时，你不妨试试多与他人交流一下内心的想法。

如果你选择 A 达 6 次或更多：你真的存在严重的自视过低的问题，必须想办法克服。要提醒自己，你是属于最好的，没有人会取代你在自己心中的位置。

（3）增强自信的秘诀

· 挑前排的位子坐
　——我不怕引人注目
　——我能领会别人，并有见地

· 练习正视别人
　——我们平等，我能赢得你的尊重
　——你谈的我是懂的

· 抬头挺胸快步走
　——我有精力，有信心，有能力
　——比平时走路快 25%

· 练习当众发言
　——我不惧怕
　——我有独特见解

· 主动和别人说话
　——自我封闭是对自信心的扼杀

· 爽朗地大笑
　——我有信心
　——我一定能行

要求：联系自身，设定目标，增强自信心的行动承诺

要点：缺什么，写什么

____

____

____

____

____

2. 严于律己　慎独慎微

（1）案例分析

富兰克林曾经给自己拟定了一个道德反省表，具体列出了应遵循的 13 种美德：节俭、诚实、严谨、果断、节制、勤俭、公正……富兰克林每天晚上临睡之前，都要认真反省一下是否做到了这 13 种美德。如果没做到，便在该项目下面画一颗黑

星，以此来提醒自己。

刚开始的时候，富兰克林总要大吃一惊，发现自己的过失和缺点比他想象的要多得多。通过不断的自省，他逐渐克服了自己的弱点，终于从一个印刷厂学徒成为一名著名的文学家、思想家和化学家，成为社会中杰出的成员。

思考：富兰克林用什么方法克服了自己的弱点？

回答：____

知识百科：

自省应注意的问题：

① 要坚持正确的评价标准

② 紧密联系自己的实际情况

③ 有敢于自我剖析的精神

④ 要持之以恒

联系自身实际情况，小组讨论如何提高自省的能力。

____

____

____

____

____

（2）续写故事

上体育课时，男生分成两队，进行足球比赛，小天和小辉分属两队，比赛进行得越来越激烈，大家的情绪都有些激动，两人在抢球时发生了争执，小天气得握紧了拳头……

（3）思考

根据自己的经验和体会，说一说要做到自律，最困难的是什么。

（4）知识百科

自控能力直接反映一个人自律能力的强弱，也是一个人有涵养和气度的重要表现。能够自制并善于自制，是增强自律能力的一个重要方法。

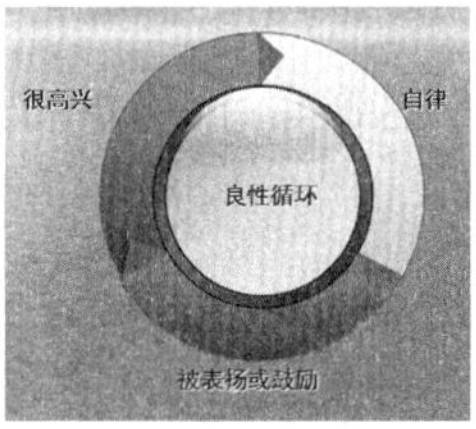

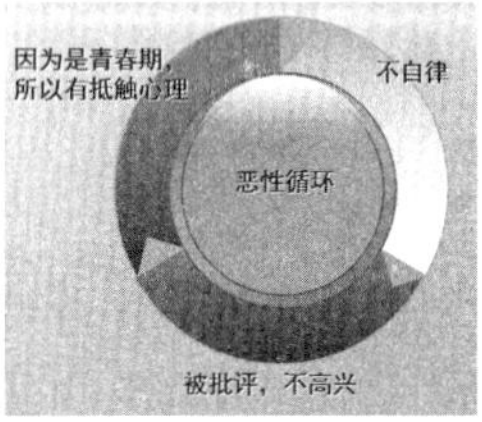

活动评价表

评　价　标　准		自评	互评	师评
信息采集	浏览网上或书本资料，认真完成阅读任务。			
	活动准备有条不紊，能带齐活动所需物品。			
	收集有关资料，及时整理、归类、存放。			
发现探索	善于思考，能发现并解决活动中遇到的问题。			
	活动中有自己的创意，并与同学分享。			
	能积极主动帮助别人解决问题。			
合作态度	认真听从老师的安排。			
	积极与他人团结协作。			
完成作业	按时完成各类作业，且质量较高。			
	能积极参加活动评比，态度认真，获得好评。			

注：评价可以分为 A、B、C、D 四个等级。A 代表非常好，B 代表很好，C 代表较好，D 代表一般。互评要三位同学参评。

__________同学在这次单元活动中认为自己可以得到（　　）个 A，同学认为他可以得到（　　）个 A，老师认为他可以获得（　　）个 A。

互评同学签名：____________、____________、____________

师评教师签名：____________

活动建议书

项目	具　体　建　议
活动内容改进意见	
活动方法改进意见	
其他意见	

注：活动建议书由参与课程活动的同学本人填写。

主题九 爱祖国

九年级

第三单元 扬理想之帆

理想，是对未来事物的美好想象和希望，也比喻对某事物臻于最完善境界的观念；是人们在实践过程中形成的、有实现可能性的、对未来社会和自身发展的向往与追求；是人们的世界观、人生观和在奋斗目标上的集中体现；是满足眼前的物质和精神需求，又憧憬未来的生活目标，期盼满足更高的物质和精神需求。对现状永不满足、对未来不懈追求，是理想形成的动力和源泉。

理想不是空想，也不是幻想，而是对未来事物的合理想象和希望。每个人的理想都是建立在现实基础上的，但人们在脚踏实地的过程中，也应该仰望星空。仰望星空是脚踏实地的动力，脚踏实地是仰望星空的基础。一个人，只有拥有了理想，并且为理想不断奋斗，人生才有意义。

实现理想的道路是艰难的，路上必定布满荆棘。正所谓“天将降大任于斯人也，必先苦其心志，劳其筋骨，饿其体肤，空乏其身，行拂乱其所为，所以动心忍性，增益其所不能”。不经一番彻骨寒，怎得梅花扑鼻香？只要我们都怀抱着自己的理想，在人生的航程上不断乘风破浪，扬理想之帆，奋勇前进，胜利将会属于我们。

活动一　理想是什么

1. 寻找理想

他们心中有什么理想？

杨利伟是中国进入太空的第一人，他也是中国培养的第一代航天员。儿时的他有一个梦想，希望有一天，能像海鸥那样，向着蓝天飞去。2003 年 10 月 15 日北京时间 9 时，他乘由长征二号火箭运载的“神舟五号”飞船进入太空，在中国航天史上起到了里程碑的作用。

他们是美国著名的科学家。1903 年 12 月 17 日，首次试飞了完全受控、依靠自身动力、机身比空气重、持续滞空不落地的飞机，也就是“世界上第一架飞机”。莱特兄弟首创让飞机能受控飞行的飞行控制系统，从而为飞机的实用化奠定基础。此项技术至今仍被应用在所有的飞机上，不仅改变了人类的交通、经济、生产和日常生活，也改变了军事史。

陶行知出身贫寒的教师之家，是一名人民教育家，中国人民救国会和中国民主同盟的主要领导人之一。先后创办晓庄学校、生活教育社、山海工学团、育才学校和社会大学。他提出“生活即教育”“社会即学校”“教学做合一”三大主张。他说：“千教万教，教人求真；千学万学，学做真人。”

杨利伟：________________

莱特兄弟：________________

陶行知：________________

2. 介绍你的理想

【要求】

通过不同种类的媒介（书刊、电视、网络等）寻找自己的理想，规划自己实现理想的方法，将其写在小纸条上，并介绍给大家。全班同学将各自的理想贴在班级的分享栏中，以激励大家为之努力、奋斗。

【介绍理想】

向大家简要介绍自己的理想，并向大家介绍自己是如何确立理想的。

我的理想：____

____

我是如何确立理想的：

____

____

____

【小组交流】

我们可以在词典中查阅或者到网络上搜索一下“理想”及“愿望”的词条释义，帮助我们区分辨析。

“理想”指____

“愿望”指____

四人一组，组内畅所欲言，交流讨论，指出在小组同学拟定的理想中哪些可以称为真正的理想，而哪些只能称为愿望。

我认为________同学设定的理想____

____

____

____

活动二　实现理想进行时

1. 唱响心中的理想

经典歌曲《我的未来不是梦》很多人会唱。说说歌曲中是如何理解理想的。

结合歌曲内容和自己的理想，谈谈面对理想我们可以怎么做。

2. 理想与信念

有人说理想是一个非常抽象的概念，很难实现。那么理想究竟有何作用呢？

【故事赏析】

故事一：1858 年，瑞典的一个富豪人家生下了一个女儿。不久孩子染上瘫痪症，丧失了走路的能力。

一次，女孩一家人一起乘船去旅行。船长的太太给孩子讲船长有一只天堂鸟，她被这只鸟的描述迷住了，极想亲自看一看。于是保姆把孩子留在甲板上，自己去找船长。孩子耐不住性子等待，她要求服务生立即带她去看天堂鸟。那服务生并不知道女孩的腿不能走路，而只顾带着她一道去看那只美丽的鸟。

奇迹发生了，女孩因为过度地渴望，竟拉住了服务生的手慢慢地走了起来。从此，孩子的病便痊愈了。女孩长大以后，又忘我地投入到文学创作中，最后成了第一位荣获诺贝尔文学奖的女性，她就是茜尔玛·拉格萝芙。

读了这个故事，我的感受是______________________________

____

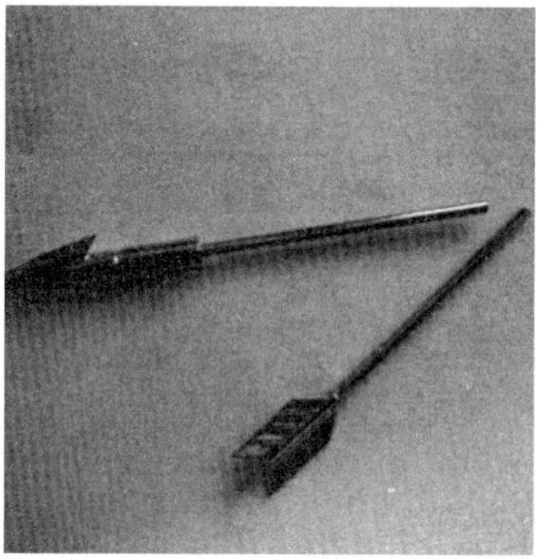

故事二：春秋战国时代，一位父亲和他的儿子出征打仗。战前，父亲庄严地托起一个极其精美的箭囊，插着一支箭。父亲郑重地对儿子说："这是家传宝箭，佩带身边，力量无穷，但千万不可抽出来。"

果然，战场上的儿子英勇非凡，所向披靡，仿佛已然变成一个将军。当鸣金收兵时，儿子再也禁不住得胜的豪气，背弃了父亲的叮嘱，强烈的欲望驱使着他拔出宝箭。

骤然间他惊呆了——箭囊里装着一支折断的箭。儿子仿佛像顷刻间失去支柱的房子，意志轰然坍塌了，结果惨死于乱军之中。事后父亲拣起断箭，沉重地说："不相信自己的信念，永远也做不成将军。"

读了这个故事，我的看法是______________________________

____

【交流讨论】

你是否还听说过类似的故事？

联系故事与实际，说说理想对我们究竟有什么作用。

◆ 小提示：这些故事中的人物都有怎样的特征？他们身上的理想、信念与意志如何体现？有何关联？

我觉得理想的作用是______________________________

____

所以我们应该______________________________

活动三 理想实现加油站

1. 参加志愿者活动

接触不同的志愿者活动，在帮助别人的过程中不断向自己的理想迈进一步。

我们可以登录上海志愿者网（http://www.volunteer.sh.cn/Website/Default.aspx），尝试着参加一些志愿者活动。

快去与小伙伴们一起试着参与志愿者活动，并与我们一同分享这些经历吧！

我的志愿者经历：______________________________

____

____

我的感受：______________________________

____

____

____

____

2. 走进上海航天科技工业展示馆

上海航天科技工业展示馆，是上海航天领域的一个行业展馆，也是上海的高科技展馆，地处漕河泾高科技开发园区，建筑面积1000多平方米，集中展示上海航天科技产品，介绍上海的航天专家。

◆ 小提示：在参观上海航天科技工业展示馆之前，我们可以先进行网上查询，以对它有更多的了解。

上海航天科技工业展示馆位置：______________________________

交通：______________________________

通过事先查询，我们知道上海航天科技工业展示馆的几大展区内容：

1. 大堂区　内有卫星飞行运行轨迹模拟台

2.

3.

4.

5.

展馆中我最佩服的人是：________________

他的理想是：________________

对我的启发：________________

____

____

3. 一日小导游

向自己的朋友和家人介绍上海航天科技工业展示馆，体验做一次一日小导游。

参考讲稿格式：

各位，今天我们来到的是________，位于________________，我们可以乘坐________________到达展馆。这是一座________________的展馆，集中展示了________________________________。

首先，我们来到的是______展区，其中________________________________。

紧接着，我们来到了______展区，其中________________________________。

……

活动评价表

评　价　标　准		自评	互评	师评
信息采集	浏览网上或书本资料，认真完成阅读任务。			
	活动准备有条不紊，能带齐活动所需物品。			
	收集有关资料，及时整理、归类、存放。			
发现探索	善于思考，能发现并解决活动中遇到的问题。			
	活动中有自己的创意，并与同学分享。			
	能积极主动帮助别人解决问题。			
合作态度	认真听从老师的安排。			
	积极与他人团结协作。			
完成作业	按时完成各类作业，且质量较高。			
	能积极参加活动评比，态度认真，获得好评。			

注：评价可以分为 A、B、C、D 四个等级。A 代表非常好，B 代表很好，C 代表较好，D 代表一般。互评要三位同学参评。

__________同学在这次单元活动中认为自己可以得到（　　）个 A，同学认为他可以得到（　　）个 A，老师认为他可以获得（　　）个 A。

互评同学签名：____________、____________、____________

师评教师签名：____________

活动建议书

项目	具　体　建　议
活动内容改进意见	
活动方法改进意见	
其他意见	

注：活动建议书由参与课程活动的同学本人填写。

图书在版编目(CIP)数据

爱心生活:德育主题教育活动/李岗主编. —上海:上海社会科学院出版社,2017

ISBN 978-7-5520-2173-8

Ⅰ.①爱…　Ⅱ.①李…　Ⅲ.①德育-中小学-教材　Ⅳ.①G631

中国版本图书馆 CIP 数据核字(2017)第 271068 号

爱心生活——德育主题教育活动

主　　编:李　岗
责任编辑:陈如江
封面设计:周清华
出版发行:上海社会科学院出版社
上海顺昌路 622 号　邮编 200025
电话总机 021-63315900　销售热线 021-53063735
http://www.sassp.org.cn　E-mail:sassp@sass.org.cn
照　　排:南京理工出版信息技术有限公司
印　　刷:上海颛辉印刷厂
开　　本:787×1092 毫米　1/16 开
印　　张:18
字　　数:270 千字
版　　次:2018 年 1 月第 1 版　2018 年 1 月第 1 次印刷

ISBN 978-7-5520-2173-8/G·706　定价:68.00 元(上下册)

后　记

万里城实验学校德育主题教育活动在课程化的过程中不断提炼总结，最终催生了这本校本教材——《爱心生活》。

道德教育回归生活是教育回归生活的一个构成部分。德育主题教育活动的课程化构成了德育课程体系的有机部分，它与学科德育课程的统整融合，实现了德育的一体化。这为提升学生的政治觉悟、思想观念、道德品质、法制观念、心理素养奠定了良好的基础，也为德育课程的有效实施提供了有效的路径。

《爱心生活》校本教材的立德树人使命是发展中国特色社会主义教育事业的核心所在，是培养德智体美全面发展的社会主义建设者和接班人的本质要求。课程是学校教育教学活动的基本依据，直接影响人才培养的质量。《爱心生活》校本教材的编写，是德育课程化构建的重要环节，其中教育目标设定的依据是教育部的德育课程纲要和社会主义核心价值观，教材内容努力体现时代特征，学习形式从兴趣出发，内容和形式注重体现学生生理和心理特点。

《爱心生活》校本教材的编写，注重各种教育资源的有效综合利用。我们根据家庭教育资源、社区教育资源、学校教育资源的不同类别属性，有的综合配置，有的分别利用，使这些德育价值客体的功能属性得到不同程度的有效发挥。

本教材编写人员：主题一：王播、殷勤；主题二：殷勤、杜婷立、朱叶；主题三：刘玲、龚琼琼、赵苹；主题四：刘沫；主题五：刘沫、徐凌嵚、赵苹；主题六：葛祖依、蒋汉东、蒋莹、陆颖梅；主题七：宋玲、王晓琼、俞蓉；主题八：杜永念、邢雯、周金荣；主题九：孙颖、张晓茹、钱云、黄烨。

本教材编写大纲由李岗校长，德育处赵苹主任（小学部）、孙颖主任（中学部），外聘专家胡立德讨论确定。

陈　杰

2017 年 9 月